早上最重要的 3件事

習慣並且去做，
30天改變人生的行動魔法

張永錫 著

獻給我的家人 Clare、Kris、Marni

（第 0 天）

走出人生困境與低谷 你需要的時間管理實踐練習

作者：張永錫

　　台灣每年出版近三萬本書，內地每年出版二十四萬本，大部分的書銷路不佳。不僅如此，大量電子媒體提供各種閱讀素材，紙本書似乎越來越沒落了，而資訊量卻只增不減。

　　果真如此，為何我還想出一本書？更重要的是，就算我寫了，你為何要費時間去閱讀呢？好問題，那就在這本書的一開頭好好回答吧！

　　從 2008 年我擔任講師創業開始，我就持續寫作及演講，講時間管理的主題，教大家藉手邊的工具高效完成工作，最早，範圍僅限台灣。隨著時間過去，聽眾從網友擴大到各種企業工作者甚至主管，範圍開始跨越兩岸，但是我發現自己還是有許多不足。

　　雖然我曾經到美國去上 GTD（Getting Things Done，由 David Allen 老師創立）課程，學了一整套時間管理「理論」，但對於如

何面對真實人生，管理好複雜任務，我認為除了理論框架，我還需要更多的實踐，才能把理論落實到真實人生的各個細節。

那時候，我就認為應該要有一本「時間管理實務」的書，一本可以「跟著練習時間管理」的書，不只看方法更要學會操作，這樣會少繞許多彎路，節省許多時間。

於是在經過更多年的淬鍊後，現在的我，可以自己來寫出這樣一本書，而這樣一本讓讀者可以跟著一起練習實踐的時間管理書籍，正是目前市場上缺乏的。

時間管理，幫你走出人生低谷

時間管理，這大概是你每天都會遇上的問題，無論是個人日常生活，還是在商場職場的效率追求，從家庭主婦、自由職業者到公司主管都需要時間管理。

所以我在兩岸開了五十場公開班，數百場演講，我知道走入課室的同學，都是帶著人生管理問題而來的。

或許是對人生的無名恐懼，對於幸福追求的渴望，或許已經在崗位上心力交瘁，對人與人的親密關係無法進入，對於社會成就的追求與失落，也或許是對更多收入的渴望和不足，目前，你正在人生的十字路口上……

但是上完我的課程的同學，大家形成學習團體，用時間管理的方法一起實踐人生夢想，練習跟親密家人增加互動，回去幫助公司

夥伴成為執行力更強團隊，經歷這各種實踐過程，人生追求變得更加圓滿。

表面上，我努力幫助學員們，似乎他們受益許多，但是受益最大的是我，因為生命的意義，就是幫助他人得到幸福。

我用時間管理的方法幫助大家走出人生困境，大家用時間管理的方法讓自己身邊的人也一起得到幸福，所以我稱呼參與課程的學員們為「幸福行動家」。

這就是我寫這本書的原因，我確實相信，這本書的原則及方法可以幫助你找到幸福，找到人生的意義。

可以被實踐的三個最重要的習慣

之前，我本來想有別人在寫時間管理的書就好了，寫書很累、很麻煩，但是閱讀很多書籍後，發現他們所寫的，不全然是我想講的。

我想要寫的是一本「實踐的」手冊，把我學習理論後，內化後的心法寫出來，我希望這本書的練習不是打高空，而是可以一步一步跟著做，或許對你能有些幫助。

既然這樣的一本書還沒有被寫出來，那我就想自己寫一本，既可以作為教學用，也可以讓更多有需要的人去練習這套方法，用 30 天養成這本書的「三個時間管理習慣」，我將其定位為「早上最重要的 3 件事」，如果這三個習慣都能養成，相信你的人生就會

開始改變。

千錘百鍊，最後深入淺出

為了準備這本書，我幾乎讀了這個領域所有的華文書籍，甚至許多的英文、日文書本及網頁，下載了上千個 Apps，一一試用，寫過了一千多篇部落格文章。

也曾經在數萬人面前演講交流，作了許多次的工作坊，回答大量的電子郵件，網友提問，論壇討論，一對一互動交流，上了很多世界一流的相關課程，訪問過許多人，進入許多有名的公司，幫助一些公司改善時間管理流程，這一路，就是八年。

希望的就是，把時間管理的問題想清楚，能夠更好地回答別人的疑問，幫助個人及企業高效並得到幸福。

不僅如此，為了讓大家能有更好的了解，我和 David 老師繪製了許多的圖片，讓大家更容易吸收。整本書的內容分成三十天傳授，也非常適合讀書會大家相互分享學習。

一起來養成早上最重要的 3 個習慣吧！

本書分成三個部分，第一個習慣，講授如何先吃了那隻青蛙，藉由 FAST 原則，架構每日行動計劃系統。

第二個習慣，說明了清空收件夾的方法，與捅人利器原則，

用一張時間管理帝王表單讓你思考自己時間管理的樞紐，管理好雜事，放入收件匣，最後放入 STAR 資料庫。

第三個習慣，從每日檢視到每週檢視，讓自己的人生得以重開機，並詳述企業中架構 STAR 資料庫的方式，組合成完整的時間管理系統。

有一位學員分享了他學習這套方法後的心得：「永錫老師的時間管理，不像一般坊間談些奇思妙想的成功哲理，也不只是介紹點時間管理的技巧、說些拼拼湊湊的理論經驗而已。永錫是用自己的生命去實踐，真誠的體驗分享，以時間管理為主軸所延伸出關於生活、生命、人生的省思。這是一場時間管理的研討，實踐生命、追求幸福的分享，更是串聯一個個幸福行動家的社群，值得用心思考人生、體驗生命的人參與！」

期待你參加這趟旅程，改變自己的人生。

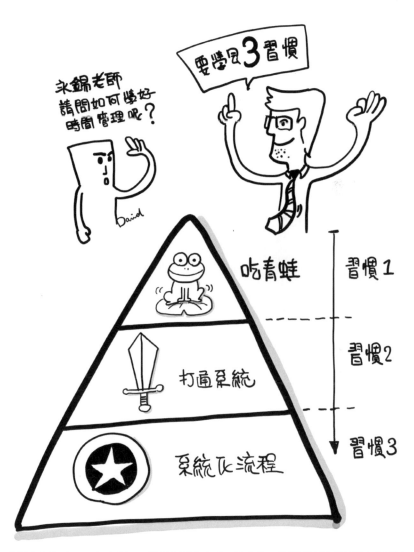

感謝盧慈偉（David）老師運用視覺圖解的方式，幫我的三個習慣繪製成這幅金字塔圖，本書的所有時間管理方法，都圍繞在這三大核心。

你可以怎麼閱讀這本書？

跟著 30 天練習一起做

跟著本書早上一定要養成的三個習慣，每天早上讀一篇，每天跟著做一個課後練習，這樣練習 30 天，你的時間管理就會有所改變。

以「時間管理帝王表」為中心練習

本書設計了一張「時間管理帝王表」，你可以翻到第 174 頁開始填寫這張帝王表，他的目的是讓你重新檢視自己的工作系統，找出時間管理的不足之處，並且透過表格構思如果改進自己的時間管理方法。

這張表格與本書的 30 天練習息息相關，我建議大家在完全不熟悉之前，先去填一次，這時候你一定會發現很多困惑，也可能會有很多思考的錯誤。然後等你做完 30 天練習後，再去填第二次、第三次，你就會更清楚找出改變與成長的關鍵了。

從這本書延伸出去，線上參與練習

· 線上參與時間管理練習：http://j.mp/FAST 時間管理同好會
· 下載本書所有附錄範本：http://j.mp/ 三個習慣附錄下載
· 聯繫張永錫與查看最新課程：http://timesup.club

目錄

第一個習慣：
先吃了那隻青蛙

假如你需要吃掉兩隻青蛙，先吃最醜的那一隻。那麼你要如何吃完一隻大青蛙呢？ 答案是：一口一口吃。而當你吃掉的青蛙越大，你所得到的活力越大。

時間管理的戰鬥不是和別人對決，而是和自己的惰性打仗，這是場不進則退的戰役。很高興大家準備好一起進入本書的三個時間管理習慣的養成練習，在第一個習慣中，我們要透過吃青蛙的技巧，養成「要事為先」的準則，並透過我稱為「FAST」的四個流程，快速處理每天的任務，成為一個每一天都高效率的人。

第一天

FAST 四部曲
成為每天都高效率的人

如何辨認什麼是你的青蛙，什麼是蝌蚪？

　　某單位曾邀請我舉辦了場針對創業者時間管理的教育訓練。上課前，主持人做了個暖場活動，問報名課程的學員「為何你來上這堂課？」

　　「我是 PM，工作時間長，事情又多又雜。」

　　「我是在網路上賣鍋子的，常常事情做著做著，就提不勁，像前天下午就在家中睡懶覺。」

　　「我是電商，在公司裡負責線上商城業務，常覺得忙碌一整天，卻沒有收穫。」

　　「我是網站工程師，其實我昨晚就沒睡，時間管理有很大的問題。」

　　「時間管理對很多人來說，是一種痛苦，這堂課要教的，是確認每天最重要的事情，並一步步向前推進。」聽完大家來上課的原

因，我緩緩切入這堂課程的破題。

當天演講的主題，就是第一個習慣「先吃了那隻青蛙」，我們將在接下來這十篇文章，詳論理論、工具、心法、練習。你可以先一次順著 FAST 的流程看完十天，再一天天的複習；也可以一次讀三十天的內容，瞭解整個架構。這本書許多的精心設計就是讓你高效吸收，迅速上手可以運用。

從改變每一天開始

大的改變，往往從小的行動開始，FAST 吃青蛙的習慣，要改變的是每一天的個人效能，而一旦我們每一天都能充實且有所進展的結束，自然就不愁一個月、一年、一生會沒有進展了！

所以，我要呼籲大家，開始學習及實踐「先吃了那隻青蛙」的第一個習慣，並運用接下來介紹的 F（青蛙）、A（行動）、S（切小）、T（時間）四個原則展開十天的練習。

依序學好這些課程，一定能更高效吃下青蛙，而所謂的青蛙，就是每天對你來說最難但最重要的那件事。

用 FAST 原則來吃青蛙

接著，我們介紹 FAST 原則的細節。

F：先吃了那隻青蛙

F 是青蛙（Frog 的英文縮寫），代表的是每天最重要的事情，我們應該一早確認今天要吃的青蛙，努力的向前推進。

尤其重要的是，我們要勇敢的先吃最醜的青蛙，當然，我不是要大家硬吃，而是有方法的吃，透過一口一口吃青蛙、進入 Flow 狀態的流程，就是吃青蛙時應有的技巧。

簡而言之，就是每天該花大量的時間在少數的青蛙上，這樣才

是真正的「高效」。

早上起床九點排出今天最重要的三隻青蛙，到了下午六點青蛙都吃完了，這樣無論今天
還有哪些瑣事沒有完成，起碼已經完成「三件要事」的你，就具備了高效率的基本分數，
這樣一來無論如何每一天都能保持效率了。

A：行動提示清單的力量

A，代表行動清單（Action List 的英文縮寫），把今天要做的
事情，列成清單，之後就專注於今日要完成的行動。

每天早上花點時間，列出 1-3 隻青蛙，5-7 隻蝌蚪（其他任務）
的每日行動計劃，專注在今天該完成的事情上，這份清單還可以自
己使用，或和團隊共享，大家一起快速吃完今日的青蛙。

但列出清單是很有必要的，因為有了具體的清單，才能找到自
己與團隊專注的方向。

S：三種方法拆解青蛙

　　S，代表切小片（Slice 的英文縮寫），對於太大的青蛙，一天吃不完，一口吃不下，就要切成小片。換句話說，那些讓你覺得很有壓力、很複雜的高難度任務，如果可以切成小片，找到合適的下一步行動，那麼執行起來就會非常順暢。

　　問題是，如何把青蛙切小？如何把難事切割呢？

　　我在後面的練習中，提出了善用自然計劃模式、心智圖、九宮格思考的三種方法，把複雜任務加以拆解，明確吃青蛙的後續行動及行動提示資料庫，甚至可以讓青蛙變得更好吃！

T：訓練自己的時間感

　　T，代表時間（Time 的英文縮寫），利用計時器及有效方法，訓練好自己的時間感，也是時間管理中不可或缺的要素，而在每天吃青蛙的過程中，時間感幫助我們明確掌控時間排程。

　　我在後面的練習中提出了兩種時間感訓練方法：番茄工作法幫助我們專注、善用 SWEET 原則就不遺漏行程，這兩種方法都只要利用簡單的倒數計時器概念，就可以讓你做事井井有條，準時下班。

小結

　　初步瞭解 FAST 這四個法則後，在此做個小結。

F，先吃青蛙，每天勇於面對困難挑戰。
A，列出行動清單，專注吃好 1-3 隻青蛙，5-7 隻蝌蚪。

S，對於複雜的大青蛙，用三種方法把青蛙切成小片（Slice），確認下一步行動是什麼？

T，對於和時間有關的青蛙，用 SWEET、番茄工作法搭配倒數計時器，準時完成對自己或他人的承諾。

　　把要吃的青蛙寫下來，把寫下的青蛙吃完，這本書傳遞的第一個關鍵概念，就是快點（FAST）吃掉青蛙，每天都先吃掉青蛙，就能高效率完成每一天。

　　親愛的讀者，現在是你採取行動的時候，接下來請認真閱讀與練習接下來十篇文章，下載第一個習慣最後附上的八頁小書（每天吃青蛙專用），期待你也能成為一個高效率的人。

・ 第一天的練習 ・

你可以練習的步驟：
時間管理不僅求快，更要求慢。

所以在第一天的練習中，我們不急著要大家立刻就開始跟著做什麼，
在了解了基本的吃青蛙概念與 FAST 原則後，我建議大家先翻到第一個
習慣章節最後，找到「8 頁小書」的示範頁面，可以根據提供的下載網
址，下載範本，這 8 頁小書就是專門用來進行吃青蛙的練習的。

永錫的實作心得：
另外，這本書雖然設計了 30 天的練習，但是通常我們不可能在第一輪
的 30 天就真的學會這些方法，這樣的設計是要讓大家可以進行第二
輪、第三輪的反覆操練，如果真的可以持續練習 90 天，我相信你在個
人幸福與成功上一定會有所改變，而那也是時間管理要幫助大家的。

若是你覺得自己一個人練習很孤單，那麼就借助群體的力量，我邀請
大家可以現在就參加在 Facebook 上開設的「FAST 時間管理同好會」，
本書的讀者與我的時間管理學生、同好，會在這個同好會裡一起練習
每天吃青蛙、清空收件匣、每日重開機這三大時間管理習慣。

http://j.mp/FAST 時間管理同好會

F 吃下醜青蛙
要事為先的三個練習

如何把今天最難做的事情完成？

　　在第二天的練習中，我們要開始實作「FAST」策略裡的「F」步驟，也就是如何先吃掉那隻青蛙，完成今天最重要事情的方法，這是時間管理必須學會的首要步驟。

　　2008 年見到一篇文章，當時 Google 全球副總裁李開復接受《青年心理》雜誌訪談的內容，他提到時間管理對其重要性。雜誌採訪者問李開復：「你覺得自己最好的習慣是什麼？怎樣養成的？」

　　李開復這樣回答：

有效率地管理我的時間，
我深信「要事為先」
這個準則。

　　李開復說：「每天清晨，我會把今天要做的事情歸納出來，做一個排序。我會依事情的『重要性』而不是『緊急性』來做排序。我會對自己做承諾，哪些事情這一天一定要做完，然後我會達到這個承諾。

　　另外，我會準備一個『瑣碎事單子』，把一些瑣碎但是必須做的事情（例如回朋友電話、填某一個表格、讀一篇文章等），利用一天中時間的碎片時間（例如搭車、坐飛機、等下一個會議等）完成。」

要事為先，就是吃青蛙

　　聽過永錫演講的人都知道，這是課堂中我很常引用的句子，因為李開復先生「要事為先」這個準則和我在推廣的先吃了那隻青蛙是一致的，這篇文章，我們就是要討論這個概念。

　　每天起床吃掉青蛙的概念是我從一本書《想成功，先吃了那隻青蛙》（繁體中文版書名，英文版書名 Eat that Frog!）得來的。由知名的激勵大師博恩.崔西所著，是一本輕薄短小的好書，書中有三句話影響我最深。

1. 假如你需要吃掉兩隻青蛙，先吃最醜的那一隻。
2. 你要如何吃完一隻大青蛙？答案是：一口一口吃。
3. 吃的青蛙越大，你所得到的活力越大。

接下來讓我們一一討論，找到吃青蛙（要事為先）的具體作法。

──── 練習一，早上就吃最醜的青蛙 ────

第一個守則是，假如你需要吃掉兩隻青蛙，先吃最醜最大的那一隻。

「我人生絕對不是一場自圓其說。人生就是不停不停的戰鬥。」

----- 九把刀，台灣作家、導演

我喜歡在中午休息時間去散散步，活動筋骨，這時候腦袋清明，一些可以激勵自己的話語常常在這時候進入腦中，我就常常想到九把刀的這句話「人生就是不停的戰鬥」。九把刀是一位台灣的作家，出了不少本書，拍了電影，是一個做事很執著認真的人。九把刀不能對著空白的螢幕發呆，要寫點東西來，這是他的戰鬥，作家不能只寫書，也要行銷、推銷書，這也是戰鬥。

戰鬥不是和別人對決，而是和自己的惰性打仗，這是場不進則退的戰役。

　　我們一般人也是如此，學生需要的是面對考試，推銷員要去銷售產品，投資人要決定買進或賣出，上班族要面對主管交辦任務及潮水般的瑣事，家庭主婦也要煮飯打掃、洗衣拖地，沒有一個人是輕鬆的。有時候我們懶得做、提不起勁去行動，每天過了一半還是覺得庸庸碌碌、充滿挫折，這是因為我們還沒有想到要先吃掉那一隻青蛙。或者有時候，我們努力振作，吃下的卻是最小的一隻蝌蚪。

　　我的意見不同，要吃就吃最大的青蛙，那接下來的一天就輕鬆了！因為最困難的事情已經完成。

　　如果我們總是吃下一些小蝌蚪、小青蛙，卻一直不願意面對大青蛙，拖拖拖到下午，此時精力也減低了（心裡告訴自己，現在我好累喔！），人也開始逃避了（心裡說：那明天再做吧！），這樣又過了一天事情卻毫無進展。因此，每天早上一起床就專心吃掉最醜最大的那一隻青蛙，是最好的策略。

小蝌蚪是指瑣事，大青蛙是指重要的事，如果只吃小蝌蚪，那永遠也無法完成目標，只有先吃下青蛙，事情才會開始完成。

練習二，不用一口吞下去

第二個守則是，你要如何吃完一隻大青蛙？答案是：一口一口吃。

> *君子之道，辟如行遠必自邇，辟如登高必自卑。*
>
> -----《禮記‧中庸》

我們吃青蛙當然不是毫無方法的吃，舉例而言，我都在早上寫時間管理的文章，因為早上時妻兒都在睡夢中，我往往可以有兩個小時自己獨處的時間。

一起床，先做一些例行的事情（清空收件匣，規劃每天的青蛙、蝌蚪等，這些行動也是這本書後續要跟大家分享的），接著便按下倒數計時器，提醒我持續不斷寫文章，直到完成擬定文章大綱、抓網路圖案、閱讀參考資料、開始寫各段落文字，然後編排校正、重點顏色標記、貼上相關連結，最後才貼到各個網路上，一氣呵成。

我很尊敬的姚仁祿老師曾經說過「生活就該像麥可‧喬丹打籃球一樣，看起來是非常快速的切入上籃，但是他的『快』卻是用無數個『慢』組合起來。」這是這麼意思呢？這其實就是吃醜青蛙的技巧，也是我上面完成每天最重要事情的方法。

看似複雜的工作，事實上可以分解成許多小的行動。

把大事情分解成許多小動作，那麼行動時我們只要掌握小動作的重點，不斷依序前進，讓自己跟著時間的節奏前進（這裡牽涉到 FAST 裡的 T 時間技巧，後續會補充），透過在每一個小動作上保持專注狀態，持續推展大事情的進度，時間管理高手知道看起來很快很輕盈的動作，事實上做的時候，心境上覺得是很慢的。

為什麼？因為當我們想要驅動大事情時，那複雜的細節與壓力會讓我們容易迷失，可是如果把大事情分解成小動作，小動作相對簡單具體，就能讓自己更心無旁騖的專注在小動作上，這樣大事情看起來也變成簡單了。

這樣做，就能面對一天中最重要的事情，能夠一口一口把醜青蛙吃完，並向前推進。

大事情看起來難以一口吞下，而且巨大的牆壁看起來有一種根本無法完成的壓力。

但是如果切成一小步一小步行動呢？牆壁變成了一個一個磚塊，看起來就很好搬運了。

─── 練習三，進入 Flow 狀態 ───

　　第三個守則是，吃的青蛙越大，你所得到的活力越大。真的嗎？或許你心中會有這樣的疑問，但其實只有真正具有挑戰性的大青蛙，才能在執行時激發我們一種「興奮投入」的工作狀態。

　　英文中有一個單字叫做「Flow」，在時間管理意即一個人完全沉浸於某種活動當中，無視於其他事物存在的狀態。這種經驗本身帶來莫大的喜悅，使人願意付出龐大的代價。

「Flow」出現時，一個人可以投入全部的注意力，以求達成目標！這時候沒有脫序現象需要整頓，自我也沒有受到任何威脅，因此不需要分心防衛，我們把它稱為「Flow」

----- Mihaly Csikszentmihalyi 正向心理學大師

　　在本書後面的練習中，我會提到運用番茄鐘工作法，讓自己進入專注解決複雜任務的狀況，迅速有效率的處理手上的「青蛙」，逐步向終點推進。有趣的是，雖然做的是一件很辛苦的工作，我們卻頗能樂在其中，一直到吃完青蛙，休息一下，還覺得精神振奮，回家也不覺得特別累。

　　我覺得要進入 Flow 的狀況，有一些要點。

進入 Flow 狀態的四個步驟

首先，要有暖身的時間，先作一些小工作，輪替一下不同的小事，這就好像要開始典禮時，前面有些鋪陳的儀式

接著，才進入完成每天最重要事情（吃青蛙）本身。

除此之外，記得要疲倦之前就要先休息，番茄鐘工作法讓我們每 25 分鐘有次休息。

最後，我會在隔天早上寫日記檢討（晨間日記的方法也是本書第三大習慣要教大家的），從檢討中找出有哪些作法可以改善，讓下次要吃類似的青蛙時，可以有更好的方式。

吃掉的青蛙大，我們也獲得成就感，不只是因為我們完成結果，也在於吃下青蛙的過程中，逐步建立一套良好的系統，並且吃大青蛙的過程獲得充分的「工作興奮」，於是我們的動能得以持續累積。

結語

這一章是第二天的學習，重點是每天要選擇今天的青蛙，向前推進，我自己設立了一個 Facebook 社團，讓想要學習吃青蛙的朋友，可以來這裡每天練習說出自己要吃的青蛙，這樣在練就習慣時候，有社群的力量，彼此鼓勵，這是一種很棒的方式。歡迎加入我們的社團一起吃青蛙，網址：http://j.mp/FAST 時間管理同好會

· 第二天的練習 ·

你可以練習的步驟：

☐ 1. 每天早上找出今天最重要最難的那件事

--- 假如你需要吃掉兩隻青蛙，先吃最醜的那一隻。

☐ 2. 把這件事情切分成一個一個小動作

--- 你要如何吃完一隻大青蛙？答案是：一口一口吃。

☐ 3. 讓自己專注在小動作，依序行動，進入 Flow 狀態

--- 吃的青蛙越大，你所得到的活力越大。

永錫的實作心得：

其實，吃青蛙的方法不只是一個實作練習，也同樣是一個「克服心魔」
的方法，為什麼呢？

因為，我們沒有發現挑戰最難的事情，才是最有趣的一部份。

為什麼？其實最關鍵的是後面兩步練習，這裡我們要做的是「把難事
變簡單」，然後進入「工作興奮狀態」的方法，這是需要練習的，反
覆熟練後，那種 Flow 狀態會讓人上癮，於是你會變成一個更喜歡吃青
蛙的人。

A 列出行動清單
與吃完清單的秘密

如何辨認出清單裡的青蛙與蝌蚪？

在第三天練習中，讓我們開始實作「FAST」策略裡的「A」，就是 Action List，也就是當我們知道要找出青蛙（要事）後，如何管理好今天的行動清單。

先說個小故事，二十世紀初當時資產超過億萬美金的伯利恆鋼鐵公司老闆查理斯，接受了企管顧問的艾維‧李建議，如果三個月後艾維‧李能夠幫助查理斯改變公司內其他高階主管的效率，屆時由查理斯決定需要付給艾維.李的費用，多少查理斯說了算。

三個月後查理斯寄出了一百萬美元的支票到艾維‧李的家中。

問題來了，艾維‧李用了什麼方法，才讓伯利恆鋼鐵公司高階主管的效率大幅提升呢？方法其實很簡單，因為艾維‧李要求高階主管做一件事情。

「我要你們向我保證，在未來的九十天內，每天離開辦公室

前，列出第二天要做的最重要六件事情，並按照優先次序排列。第二天上班就開始執行，第二天下班前如果沒有完成的事情，寫到第二天清單上。」

什麼，就只是列清單？是的，就這麼「簡單」，而且這是一個非常有效的方法，也就是我所謂的 FAST 中的「A」：列出每日的行動清單。

上一個練習，提到先吃了青蛙，通常一天可以列出 1 — 3 只青蛙，針對要事努力推進。而小事情是蝌蚪，也就是我們所說的瑣事或小任務，一天可以列出 5 — 7 只蝌蚪。青蛙加上蝌蚪，這樣就有一個每日行動計劃，接著就開始努力地吃青蛙及蝌蚪。

我如何找出自己每天的青蛙和蝌蚪呢？

把清單吃完的秘訣

先說個故事，苗爸一家和我們家認識了許多年，苗爸是室內設計師，有一次邀請我去他公司做培訓，過了幾個月，又碰面了，他和我提到他的收穫。

「永錫，上了你的課程後，回去檢視我的工作習慣，發現了一個大問題，以前每天我都會列出一個二十幾件事情的清單，但是每天總只能完成五、六件事情。」苗爸帶著點無奈地說

「後來，你做了什麼改變呢？」我好奇地問

「從此以後，我每天就列出六件要做的事情，有時候還不小心

多做幾件事情呢！」苗爸露出笑容地說道。

　　苗爸和伯利恆鋼鐵公司的例子是一樣的，每天先列出要做的行動計劃，接著努力去執行，但重點是「列出夠少的事情」，讓自己專注地做最重要的事。

列出夠少的事情，就能完成事情。

　　對於時間管理的初學者，他每天只需要列出腦袋中想到今天要吃的青蛙及蝌蚪就可以了。

　　對於進階的時間管理者，他會在每天清空收件匣後（所謂的收件匣，就是昨天累積的電子郵件、筆記、電子文件、工作日誌，檢視並加工成下一步行動，這部分是書中第二個習慣所講的重點），再規劃每日行動計劃。

　　但無論如何有一個法則一定要遵守：「列出夠少的事情」，這樣你才會去想：什麼才是最重要的事情，什麼才是「我能做到的事情」。

讓事情更容易執行的秘訣

　　列出來的事情，如何才更加容易執行呢？我們需要在事情上做一點「小小加工」。

2002 年到現在，我和數千個人相互研討過時間管理的問題，在互動中，我感覺到「加工」的重要，是時間管理的關鍵。

有一天在演講時，我突然靈機一動，想到用英文文法造句的概念來加工雜事（我以前是英文老師），這就是「雜事加工成行動的文法」。

舉例：某一天上班，結果發現車子的輪胎沒氣，於是就在筆記本寫下「輪胎」這件雜事，這就像是一個英文單字，接著，我們要以這個例子說明如何實作：「雜事加工成行動的文法」。

例子：輪胎

第一個問題：這件雜事是什麼？

「喔，我早上起來上班，看見輪胎沒氣了，昨天開車時，經過某路段，聽到碰的一聲，或許輪胎破了，可能要換輪胎。」

第二個問題：需要你採取行動嗎？

「對呀，後天我要開車出遠門，我需要去輪胎店檢查。」

第三個問題：下一個行動是什麼？

「我希望去輪胎店後，不管有沒有換輪胎，我都可以平安安心地開車出門」

「所以，我的下一步行動是，打電話給 Kris，和問附近輪胎店電話號碼（最近他換了一組新輪胎），請老闆牽車子去檢查。」

經由這三個問題，我們把一件雜事「輪胎」加工成一個預期結果「平安安心地開車出門」，及一個下一步行動「打電話給輪胎店老闆阿傑」。

把雜事加工，產生「預期結果」，與「下一步行動」。

所以我們的每日清單應該寫下的行動是「打電話給 Kris 問輪胎店電話號碼」！由這個例子，我們知道，應該要常常問自己「下一步行動是什麼？」，這是我們要養成的一個時間管理習慣。

要列出「有效的」清單

列一份清單，工作效率可以增強 25% ——博恩．崔西

這一天的練習，討論了「如何找出自己每天的青蛙和蝌蚪？」及「列出來的事情，如何才更加容易執行？」兩大問題，而我們手中的每日行動清單，也應該有 1 — 3 只青蛙及 5 — 7 只蝌蚪了。接下來我們要先吃青蛙，還是先吃蝌蚪呢？

　　一般而言，一個作息正常的人，每天剛起床是體力最好的時候，那就應該先吃青蛙，我們應該用最有精力的時間來面對最困難的事情，這樣才能事半功倍，這部分我們在第二天有了很好的練習。

　　但是如果現在我的精力低落，或許就應該先吃蝌蚪，蝌蚪大多是十分鐘內就可以解決的事情，先用一個番茄鐘（25 分鐘）的時間（這部分我們在後面的練習會做到），專注吃掉一堆蝌蚪，之後若精力回復了，接著再吃青蛙。

　　所以，一起來列出今天的青蛙及蝌蚪吧！記得，要列得愈少愈好。

· 第三天的練習 ·

你可以練習的步驟：

□ 1. 像平常一樣列出你今天要做的任務清單。

□ 2. 對每個任務問兩個問題：「預期結果是什麼？」「下一步採取什麼行動？」

□ 3. 把任務清單先變成下一步行動清單。

□ 4. 找出行動清單裡的「三隻青蛙」，其他都是「蝌蚪」。

□ 5. 專注先吃掉「青蛙」。

永錫的實作心得：

在這樣的練習中我們會遇到幾個麻煩，例如任務常常一列就一大堆，一看就處理不完怎麼辦？這時候我們可以從兩個方向去思考減少清單數量的方法。

1. 這個任務需要行動嗎？
2. 哪些是今天的青蛙？

一個人每一天的時間是有限的，縱然我們想要完成 100 件事情，但根本不可能做到，所以找出三隻青蛙的用意是，在 24 小時裡我真的可以做到的重要行動是什麼？要學習取捨，把青蛙找出來，因為我們就只能完成這麼多！

第四天

Ａ如何維護高效率清單？ 讓大家都專注的四個步驟

打敗妨礙你高效率工作的最大敵人：干擾

　　列出行動清單後，還要好好「維護」他，「維護」一份高效率行動清單不是一件很容易的事情，但是若是維護清單的好處大於壞處，就會讓我們努力養成這個習慣。可以從四個角度來看維護清單的好處。

清空收件匣抓每日青蛙

把雜事加工成下步行動

保護彼此先吃青蛙空間

團隊一起專注才能抵抗內外干擾

　　這四個好處又聚焦在一個核心目標：「專注」。

　　不論是個人或是是團隊，養成維護清單的習慣，都能增強效

率，因為好好維護你的清單，就能幫助你減少干擾，讓自己生產力提昇，就來看看這四個角度如何幫助我們專注在行動清單上吧！

步驟一：從哪裡找出每日青蛙？

「清空收件匣」其實是我們在第二個大習慣裡要花 10 天練習去討論的，但是在這裡先提示初步的重點，因為每個習慣之間一定也有互相連結的關係，不可能完全獨立個別論述。

一個好的時間管理者每天早上上工的第一件事情，就是清空收件匣，我的收件匣有筆記、電子郵件、電子文檔、日記，這些都是所謂的「雜事」，我們應該批次把雜事變成行動（也就是第三天練習所謂的加工），這樣才有效率，接著一一討論。

筆記

我會仔細看看昨天在筆記記錄下來的事情，把需要「執行」的部分送到行動清單中，要不就保存在筆記資料庫中。

上班族會有會議記錄、談話記錄（和主管、下屬、客戶等），學生有上課筆記，都應該要閱讀一下，並從中找出需要下一步行動的任務，放入自己的行動清單。

電子郵件

應該一封信一封信逐次檢視，每看完一封信，或者封存，或者

立刻回信，或者授權他人處理，或者轉寄到行動清單作為下一步行動，這樣的次序會持續到每一封信都處理完，也就是清空收件匣的動作（這部分在第二大習慣裡會好好說明）。

電子文件

個人經驗中，比較多的是之前一天網頁剪輯的資料，快速瀏覽後，加上標籤，並設定合適的記事本（用 Evernote 或 Onenote），儲存到個人資料庫中。

許多公司則有許多文件檔或 PDF，應該閱讀並修正之後，寄給負責人，或上傳公司的任務清單資料庫，或者存檔到資料庫中。

除此之外，我也會寫文章、製作講義、投影片、寫各種文案等，這些都是數位文件資料，應該要好好放置及整理。

個人日記或工作日誌

我寫晨間日記的時間已經將近十年了，每天記錄之前一天發生的事情或心情，對於了解自己有莫大的幫助。

公司中則應該檢視工作日誌，看看昨天哪些事情已經完成了，哪些留到今天繼續努力。

而這些日誌也是一種收件匣，從這些收件匣出發，去找出自己的行動清單。

而維護一個好行動清單的方法，就是每天清空收件匣，把雜事變成行動，並從中找出今天的青蛙，這樣才能讓工作及生活繼續向

前推進。

──────步驟二：找到列出清單的好工具──────

完成清空收件匣後，接著看當天該做的行動、自己負責專案的下一步行動，並看看行事曆。

瀏覽過後，就從今天的收件匣中抓出青蛙及蝌蚪，建議的數字是 1 — 3 只青蛙及 5 — 7 只蝌蚪，很多人會說怎麼可能這麼少，其實雖然我們想做、可做的事情很多，但是要有所去捨，因為時間是不足的。

另一方面，在清單上留有「空檔」，這樣才能夠面對突發狀況。如果你把自己的時間都排滿，那每天遇到意外時，要怎麼緩衝？這樣你的清單就會一直呈現混亂狀態。

因此，與其看著很多事情發呆，不如「列出夠少的事情」，全部完成。

之後便列出一個每日行動計劃，有些人是用紙，寫在筆記本，或者我發明的八頁小書，有些人喜歡用電腦或手機，維護一個數位的每日行動計劃，都是很好選擇。

選擇每日行動計劃的工具有幾個重點：

1. 檢視容易：青蛙、蝌蚪，一目了然

2. 管理容易：需要簡單規劃，可以立刻做一個小計劃

3. 容易分享：未來的時代，要讓團隊的其他人看到自己做的事情

4. 隨身移動：可以帶在身邊，隨時拿出來看

從收件匣中抓出雜事，加工成行動，把今天青蛙及蝌蚪找出並且列成清單，對於每天工作的執行，有很大的幫助。

四大數位清單工具推薦

除了把清單寫在筆記本外，現代人應該懂得善用「數位清單」工具，這裡我們先做一個簡單推薦。

OmniFocus

Todoist

Wunderlist

Asana

OmniFocus 是老牌又專業的清單工具，非常高效率，只能在 Apple 系統使用。

Todoist 是雲端與行動時代新興的清單工具裡目前最受歡迎的選擇之一，他非常簡潔高效率，且跨所有平台都能同步使用。

Wunderlist 有很漂亮的介面與親切的使用流程，目前屬於微軟旗下的服務，又稱為奇妙清單。

Asana 是商務等級的清單管理工具，更適合團隊的清單維護與協同合作。

──步驟三：邀請家人一起共享行動清單──

之前放暑假的時候，小朋友都待在家裡，我每天就請他們列出行事曆，寫下一天要做的事情，例如游泳、跳繩、寫作業、看書，這樣其餘時間他們就去打電動或作自己想做的事情。

而我也可以專心工作，只要設幾個鬧鐘，提醒他們看書、帶他們去游泳即可。

青蛙可以順利推動，孩子也做了該做的事情。

我的某個企業客戶，則是利用 Line 來管理團隊的青蛙，每人上傳自己今天的青蛙，這樣子，如果你要找某一個同仁協助，就可以藉著 Line，看到他今天忙不忙，溝通起來也會更加容易。

不論家庭或工作，相互知道彼此的青蛙，可以相互保護，獲得不受干擾（或減少干擾）的工作空間，讓彼此的事情更加順利向前推進。

──步驟四：找到工作團隊共享清單的方法──

專注工作最大的敵人之一就是「干擾」，如果我們來檢查工作場域的干擾，通常會來自幾個地方。

老闆：老闆一講話，本來專注的狀況立刻被打斷了，員工必須完成老闆的事情後，才敢回來做自己的事情，又需要再一次進入專注的暖身時間。

下屬：如果身為主管，下屬也會常常來干擾你，而且常常都是緊急狀況，因為他無法處理，才來找你。

客戶：客戶的干擾通常必須馬上回覆，卻常常是「緊急但不重要的事情」，如果同仁可以形成一個小團隊，某些人專門來接客戶電話，讓今天有大青蛙的同仁可以專注，這樣也是一個很好的方法。

同仁：同事常常會「互相陷害」，拖了彼此時間。

自己：有時候明明進入專注，卻肚子餓，身體不舒服，這是來自自身的干擾。

要怎麼抵抗這些干擾呢？我的客戶會利用「每日立會」的方式來抵抗內外的干擾，每天早晨，花 10 分鐘讓每個員工決定今天的青蛙及蝌蚪，接著就開 10 分鐘的立會（站立開會），各自講今天的青蛙，討論需要他人協助的地方，之後就設定番茄鐘開始專注工作。

這樣的好處是，彼此知道狀況，老闆比較不會打斷同仁，下屬也知道老闆今天在忙什麼，同仁之間也比較能相互知道工作情形，讓干擾的狀況降低。

我相信，還會有很多的方式，只要我們用心，一定可以降低工作時的干擾。

· 第四天的練習 ·

你可以練習的步驟：
☐ 1. 從自己的收件匣開始抓出青蛙
☐ 2. 找到一個列出青蛙蝌蚪的清單工具
☐ 3. 跟家人同事分享你的清單
☐ 4. 找到團隊一起共享清單的好方法

永錫的實作心得：
如何讓自己工作更專注，讓自己的清單更高效率呢？大家都以為專注
是「自己的事」，其實這大錯特錯：

專注是大家共同
完成的事，
彼此不互相干擾
才能專注！

如果你能想通這一點，就會知道第四天維護行動清單的練習很重要，
這是從個人的清單維護，到團隊的清單維護的過程，你必須讓其他人
知道你在忙什麼，你也要知道別人在忙什麼，知道彼此的青蛙，才能
互相支援，找到工作場域真正的專注之道。

S 把青蛙變美
練習自然計畫模式

學會快速規劃今日小任務的方法

　　第五天讓我們開始進入「FAST」流程中的「S」練習，S是拆解、組織、切分，是把大青蛙切成小任務，並且轉化成有效下一步行動的具體作法。

　　用一個實際情況來舉例，假設我有一趟從台中到台北出差的行程，這個行程有幾個大需求、大青蛙：

1. 拜訪惠敏法師
2. 幫朋友的 MAC 電腦安裝 Window 系統
3. 順道到中壢和朱總碰面

　　這是一個典型的出差行程，說來不複雜，但是好像也不簡單，我們要如何把單純的行程，透過「S」的技巧，轉換成有效的行動

任務呢？就讓我們一起來練習看看。

這篇文章分成兩個部分。首先，我用了前面練習介紹過的「Todoist」雲端清單服務幫我規劃（見本篇附圖），任務規劃可以使用不同的工具，用 Todoist 的服務來規劃是為了舉例，事實上這些原則可以套用在大多數工具，甚至紙張，但這裡我會推薦用數位清單工具切分青蛙。

其次，我用 GTD 自然計劃模式來檢視我如何規畫這個任務，這是文章的第二個部分。

每天一份完美的行動清單，可以幫助我們掌握好今日的行動。圖中使用的清單工具是 Todoist。

為什麼要用數位工具列清單？

所以，請先看看我使用 Todoist 這個工具來規劃的幾個考量因素。

自由排序：

關於這個任務，有些事情約好固定時間（例：和法師碰面），有的可以調整（例：幫 MAC 電腦安裝 Window 系統），能夠自由排序很重要。

補充說明：

一個任務除了名稱之外，還需要一些補充說明（例如：和朱總碰面，要討論什麼事情？就可以直接補充在任務說明中）。

可以打勾：

時間管理裡的下一步行動，要有完成後打勾的地方，打完勾後會劃掉或隱藏，這樣我們就能專注還沒完成的部份。

上面三點是用紙筆也能勉強具備的需求，但以下兩點則是數位時代需要的兩個重點

鍵盤輸入：

當任務比較複雜時，用鍵盤輸入比寫字快速，才能跟得上思緒，讓想到的事情，立刻放入任務中。

隨身攜帶：

這份清單要能在手機、平板 App 裡同步，電腦上打完清單，出門後拿出手機 App 就能同步看到，這樣檢視更方便。

規劃完成後，就覺得自己比較可以安心出門，比較清楚接下來要做些什麼，也有一個整體觀，知道這兩天能完成哪些事。、

以前我是在紙面上完成這些事情，但是現在的電腦、手機雲端同步，讓我們更容易檢視（有時我還真找不到可以寫下字的紙張），因此雖然我有時候會在紙張上規劃，但是長期看來，必須要使用數位化的解決方案。

──用自然計畫模式找到任務的下一步行動──

規劃一個小任務，是 FAST 流程中的 S，之前我們介紹了吃青蛙（F）和行動清單（A）的概念，但是有時候知道今天列出了青蛙及蝌蚪，還是需要花時間釐清如何吃青蛙及蝌蚪，這時候就需要規劃這個任務進而找出「下一步行動」。

通常我們可以從兩個問題去思考：

根本還沒好好思考這件任務前，先靜下心來，決定每個任務有

哪些下一步行動？

　　而當好幾個下一步行動擠在一起時，要好好思考並分出先後次序。

　　第二部分，我們依據 GTD 的「自然計劃模式」，來回答上述兩個問題，找出有效的下一步行動。

　　任務規劃會經過五個階段，下面我們藉著規劃一個簡單的「去餐館吃飯」的任務，來學習 GTD（Getting Things Done）的自然計畫模式（Natural Planning Model），依循「自然計劃模式」來思考以下五個階段。

目標原則	⇒	界定成功意義,樹立決策標準
期待結果	⇒	決定期望結果,文字圖像描繪
腦力激盪	⇒	先量多取勝,莫論質量與組織
組織想法	⇒	決定分類標準,重新排列關鍵
下步行動	⇒	決定資源配置,用以推動任務

「自然計劃模式」幫助我們找出任務的目標，穩住核心，然後開始發展支脈，並且掌握每一個確實可以執行的下一步行動。

（1）界定目標和原則

首先問問自己「為什麼要上餐館吃飯」，答案可能是：肚子餓了？和朋友、同事聯絡感情？慶祝特別日子（生日、結婚紀念日）？談戀愛的約會？

想一想我們這次的目標是「和同事聯絡感情」，因為是要邀請我的好朋友大志共進午餐。奈麼要考量哪些原則呢？不僅要思考自己的立場，也要顧及大志的想法：是否素食？或其他特殊飲食習慣？價位？食物品質？服務水平？交通便利性？有無停車場？

經過這個過程，我們會發現，原來我們平常做事情常常不夠仔細，常常沒有設定目標，也沒有仔細想過自己的原則，導致任務設計不夠精細，當然容易出問題，接下來，來看看第二階段。

（2）預期結果的圖像

這階段，我們要想像出一個畫面，以這個例子，就想想自己和大志用餐的可能情境。

在漢堡店邊吃邊聊？還是去美景湖畔餐廳吃 Buffet，兩人吃個痛快？或者找一家廣東菜館品嚐好菜，大志讚不絕口？也許一起去吃麻辣火鍋，辣個過癮？

這個角度是思考用餐的餐廳，透過想像最終景象，來確定整個計畫應該如何被完美成功地達成，除此之外，我們可以想想另外幾個角度。

想像聚餐當天整個情境？想像和大志聊得賓主盡歡的景象？

捕捉這個「完美」畫面達成的各種因素（喝點小酒，傾聽大志吐苦水，送給大志小禮物等），有了明確的期望結果，便能專注地思考需要哪些因素，也就能確定挑選餐廳的方式，並進入充滿靈感的腦力激盪模式。

（3）腦力激盪

有了和大志聚餐的「完美」畫面，腦袋就開始動了起來，許多問題跳了出來。

幾點出門？餐廳今天營業嘛？天氣如何？需要事前訂位？該換套不同的衣服？車子汽油夠嘛？今天肚子很餓嘛？要不要約晚一點？

這些如何完成「完美」畫面的靈感就跑了出來，這時先不要管靈感的品質，先求數量，也不要想要組織整理（下一階段就是組織），可以運用心智圖、便利貼、白板、清單等工具把這些點子記錄下來。

（4）組織

接下來就是要組織這些靈感，這有助於我們對這件事情的了解，並決定下一步行動，組織有三個面向。

構成要素：可以把大計畫拆分成幾個小計畫。

優先次序：想想最重要的問題是什麼，優先處理最重要的事情。

事情的前後關係：一件件依照次序來做。

這個階段可以加入一些工具來協助自己規劃，之前提到可以列一張清單，通常這個階段，我們寫下一些關鍵問題，會讓我們找到更多幫助計畫成功的其他問題，儘量力求詳盡、完整規劃。

（5）找出下一步行動

當我們分類整理完之後，針對這個任務，我會問自己一個問題「下一步行動是什麼？」於是一份有條理的清單就產生了，大多數情形，當我們管理好各個次任務的下一步行動，就完成單一任務管理的 90% 部分。

為什麼自然計畫模式很好用？

自然計畫模式和我們直覺思考問題的方式非常接近，但是把每一個階段的步驟都明確下來，只要一步步做，就能夠規劃出下一步行動，整理出一份完美清單。

這樣的模式可以來規劃很多任務，例如

新產品發表會的規劃

籌備新公司

討論今年尾牙活動

舉辦一個員工攝影比賽

八月底的兩場研習會如何辦

　　只要想好目標，想像一個「完美」的結果圖像，腦力激盪出大量創意，組織創意，找到實現計畫的下一步行動，就可以開始推展我們的任務了，就這麼簡單。

　　附註：這個例子來自 GTD（Getting Things Done）原著，我稍微改動一下，讓大家用很短的篇幅，就可以了解 GTD 自然計畫模式運作模式。

· 第五天的練習 ·

你可以練習的步驟：

找一件今天最重要的事，問自己五個問題：

☐ 1. 界定目標和原則：為什麼要做這件事？

☐ 2. 想像期待結果：完成了會有什麼美好畫面？

☐ 3. 腦力激盪：可以為他做哪些步驟？

☐ 4. 組織：這些步驟裡的先後次序是什麼？

☐ 5. 找出下一步行動：開始從最優先的步驟做起。。

永錫的實作心得：

前面我們在討論吃青蛙（要事為先）的方法時，有提到過一個關鍵的原則：

大事化小，才能執行。

我們要怎麼樣才會願意面對一個艱難的任務？才會願意動手去做？這一天練習裡的「自然計畫模式」就是很好的方法，當我們可以想像完成這件大任務的美好景象，並且又能把任務切小，那麼自然容易吞得下去，青蛙也不一定是醜的了！

S 圖窮匕見
用心智圖找關鍵行動

如何架構出複雜專案的完整深入脈絡？

　　我常常都是行程滿檔，但是我怎麼在忙碌中還能有條不紊，清楚知道自己要做什麼呢？關鍵是雖然行程忙碌到不可思議，但是這些都是我事前思考規劃好的事情，已經排好清單，事多但是心不雜亂，手快心明，一件事一件事的好好地處理即可。

　　然而前一天學到的自然計畫模式有其侷限，一日內的任務可能那樣的「S」就能完成規劃，但是如果是一個連續好幾天的任務，或是更複雜的事情，需要其他方法來幫助「S」的規劃，而這就是「心智圖」。

　　我學習心智圖已經有 15 年以上的時間，不論是用紙張、電腦、甚至是手機、平板等終端。遇到需要思考、組織的問題或任務，我用的方法就是心智圖。

　　我有一個「圖窮匕見」的觀念，製作心智圖，不只是把這些任

務的雜事放置妥當，而是要做好心智圖後找到致命一擊， 並執行
這個關鍵行動。這張圖要能夠呼籲自己及團隊，採取行動，如同「圖
窮匕見」，把任務確實地向前推進。

下面就讓我們來看看如何善用心智圖，完成複雜專案的「S」
任務切分規劃。

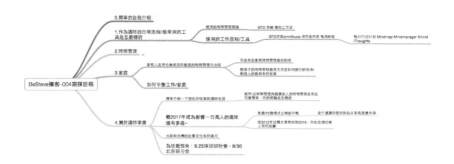

用心智圖梳理複雜脈絡

心智圖一個很重要的功能就是用來梳理脈絡，我常用在寫文章，舉辦活動，思考任務這三件事情上。

例如，寫這篇文章，一開始不知道應該採用什麼結構，就先畫了一張心智圖，把想到的點子都放上去，這就是寫文章的素材。接著，重新排列心智圖各個分支，找出自己想要呈現的脈絡，最後就是動手寫成文章。

舉個舉辦活動的例子，我和一些幸福行動家的朋友常常舉辦長度兩三小時的活動，就是利用心智圖來思考活動的流程，編輯刪修，做出一幅簡單扼要的心智圖，活動前，用這張心智圖讓參與的成員迅速瞭解活動的流程。

最後說說用心智圖來規劃任務，學了 GTD 之後，常常要求自己製作心智圖後，問自己下一步行動是什麼？並寫下答案，這是一種任務規劃的方法。

我把心智圖工具融入了每日計劃行動的元素，利用心智圖來「吃青蛙」（處理好每天最重要的一件事情），讓生活及工作更有生產力。

梳理脈絡，其實是知識工作者很重要的能力，而心智圖提供了很好的思考方式，把思考用具體的圖象呈現出來，值得大家好好學習。

繪製心智圖的工具

我自己繪製心智圖的工具分為紙筆工具、數位塗鴉以及心智圖軟體三種，我會搭配使用，甚至規劃任務時，同時使用以上三種工具，讓任務規劃能夠行雲流水。

Notability　　　　　筆記本 +　　　　　MindNode　　　　　Xmind

Notability 是 iPhone 與 iPad 上很完美的塗鴉筆記 App，我可以像在紙張上書寫那樣直接畫出心智圖。

筆記本 + 則是一款 Android 行動裝置上也可以使用的塗鴉筆記，讓不同裝置也能直接畫心智圖。

MindNode 是一款非常漂亮的專業心智圖軟體，除了可以快速畫出各種心智圖格式外，他的外觀也非常賞心悅目。

Xmind 是一款免費且有繁體中文介面的電腦端心智圖軟體，基本功能就足夠我們完成時間管理的需求。

如何讓心智圖也能時間管理？

　　我是個時間管理講師，常常出差、演講、寫作，因此運用心智圖來梳理任務幾乎是我每日必做的功課，經過十多年來的練習，我覺得心智圖繪製中包含了「時間」、「找出下一步行動」及「深度思考」三個軸向。

畫出不同時間軸

時間的軸向是拿心智圖來思考自己出差的時間安排，舉行研習會應該在哪個日期，過幾天的活動要注意什麼細節。

展開所有重要行動

用心智圖來梳理任務，目的是要找出開會的重點，難以抉擇的兩難問題答案，複雜任務的梳理，腦力風暴的點子累積，組織大量的創意想法，心智圖都可以扮演很稱職的角色。

呈現大目標的脈絡

最後，我也會利用心智圖做出深度思考，做出複雜而巨大的心智圖，例如思考下半年最重要的任務，十餘天多城市的出差之旅，深入思考社群的意義及自己的核心優勢。

熟練心智圖的繪製技巧後，就會找出大量的運用方式，並讓自己工作更加的有效率，思考也更加深入。

心智圖的幾個優點

這段運用心智圖日子，讓我覺得已經離不開他，有幾個優點：

迅速在不同任務的高度跳躍

擁有放入大量頭腦風暴點子的能力

收集點子，組織點子，想出行動點子能力增強

擁有整體、部分、新整體的思路，能夠快速疊代更新系統

累積自己思考路徑軌跡以供未來參考

　　有人問我，畫完的的心智圖會一直拿出來看嗎？任務執行時，偶而會看一下，但更重要的是寫下的時候，心智圖的任務就達成了，因為心智圖更有用的地方在於思考過程的輔助，讓我們想出更深入更全面的架構。

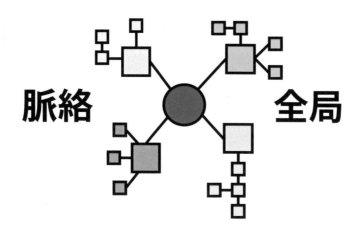

脈絡　　　　　全局

· 第六天的練習 ·

你可以練習的步驟：
□ 1. 找一件比較複雜的事情。
□ 2. 用心智圖展開這件事情的時間脈絡、任務脈絡。
□ 3. 用心智圖展開每個時間點、任務點的可能行動、可能想法。
□ 4. 重新組織或連結心智圖分支。

永錫的實作心得：
對我來說，舉辦連續好幾天的研習會，是我所有的任務中非常複雜的
一個，每次一次研習會，都包含了招生（行銷、銷售、文案、簡章、
協助宣傳人員）、行政（機票、住宿、講義印制、器材採買、復訓學員、
義工、助教、七分鐘短講、會計等）、活動（會議、公益演講、和當
地社群見面、其他拜會活動等），這時候這是心智圖使用的大好時刻。

心智圖有脈絡、
鳥瞰兩大優點。

脈絡是指可以深入細節，鳥瞰是指可以站在比較高的角度來看這張心
智圖整體呈現的意義，我們常常可以在畫出心智圖當下，發現事情的
核心，或是看到遺漏的地方，希望大家多多深入研究讓心智圖在生活
及工作中發揮作用。

S 一頁紙拆任務
用九宮格思考法吃青蛙

分解任務更有邏輯架構的方法

　　前面我們練習了「自然計畫模式」、「心智圖」兩種拆解任務（S）的方法，這裡再教大家第三種技巧，這樣應該任何青蛙到你手上都能「迎刃而解」了，這個方法叫做「九宮格筆記法」或稱「九宮格思考法」。

　　Y 君是個筆記控，有一次我和他分享我的九宮格筆記法，沒想到他大感興趣，直說這方法太好用了，要我好好教他。

　　我說：「其實就是把筆記紙，用兩橫兩縱的線，切成九個區域，這樣子就可以開始寫筆記。」

　　「把中央格子填入要思考的主題名稱，接著在外圍的八格中填入想到的點子，或者記錄別人的演講。」「九宮格四周越寫內容越多，對中心主題的思考就越來越清晰了。」我一下子說了好幾個用法。

「這個方法很像心智圖,但是又有所不同」Y君若有所思地說。

「對的,看似有點類似,但兩者確實不同」我回答。

使用九宮格來思維,可以方便寫下目前我們零散地思考,並抓住一個貫穿的主軸,在比心智圖更不發散的嚴謹九宮格內,就能做出有架構的思索,這是很棒的訓練。

九宮格思考適用於各種工具

九宮格適合在筆記本、手機及平板上使用,在筆記本或電腦上畫出的九宮格,打字到手機、平板時,比例是接近的,這樣跨裝置使用上會有驚人的一致感。

九宮格思考已非常節省空間,九宮格由中間出發,發想出上下左右,左上、左下、右上、右下八個格子,讓整張紙及螢幕大部分空間都運用到了,只要在一張紙張上,就可以進行大量訊息的排列組合。

所以也很適合大量點子放入,九宮格一畫好,就有八個空格(甚至更多)就算有再多的點子放進去都不成問題,未來的世界,能解決複雜問題的能力非常重要,九宮格這個特性很重要。

接下來,我們就開始練習九宮格的思考方式吧!

在任何紙張上開始九宮格思考

蔡巨鵬老師在我學習九宮格，是一位重要的貴人。2009 年我們在網路上交流，2011 年第一次碰面聊了六個小時，從此在九宮格的學習上，就一直承蒙蔡老師指教。

一開始，我只是知道可以用九宮格的方式思維，但是到了 2015 年，蔡老師送給我他設計的「創易筆記」，並詳細講解用法，我才發現九宮格筆記用在紙本筆記本的妙用。

拿到任何一頁空白筆記本，就立刻兩橫兩縱畫一個九宮格，之後把主旨寫在中間格，就可以分成八個主題開始記錄及發想。我大量用在每週檢視、開會準備、會議記錄上。

由於筆記紙通常不小，分成九個後，還可以有幾種運用，例如，再分成一個九宮格；繪出一個小的心智圖；做條列式的分析；還可寫大號字體或繪圖等，可以在很小的空間中放置大量的內容，並變化出多樣的筆記風格。

後來一直使用蔡老師「筆記」的方式，並運用在數位方式的九宮格筆記中。

數位九宮格，在 OneNote 進行思考

2004 年我曾經在當時的 Palm 上購買過一個日籍今泉浩晃先生開發的 App：「Mandal-Art」，2012 年也在 iPad 及 iPhone 上面使用 iMandalArt。當時就非常期待能夠在電腦上面快速輸入文字，因為能夠快速新增點子在電腦上，可以讓人不用頭腦記事情，而專注在思考上。

2012 年的時候，我是用 Excel 繪製成 9 乘 9 的大九宮格來進行思考，但是相當不方便，沒有持續很久。2015 年我又再次思考在電腦及 iPad 使用九宮格思考，一開始是用一些筆記 App 塗鴉，但是慢慢把腦筋動到 OneNote 上面，最重要有兩點原因：

1. OneNote 可以插入表格，因此可以製作一些九宮格模版來使用（也可以從 Excel 製作好貼入）。
2. OneNote 的 iPad 版本可以手繪塗鴉，這真是殺手級功能。

九宮格如果需要輸入大量文字，我就在 Onenote 電腦版上面進行，需要塗鴉，就在 iPad 上塗寫，整個流程非常順暢。（如果你有 Surface 系列筆電，更是方便）

我設計了一些九宮格表格模版，在需要大量點子時，就把想法放到 Onenote 這些九宮格表格中，就算是複雜任務、複雜文章需要的大量點子，都能夠迅速找到合適的九宮格放置，累積到一定的

任務雜事或點子後，再做整理。

之後只要打開 iPad 上的 Onenote，就會發現這些表格已經同步完成，就可以用繪圖的方式加上自己的批注，也是一瞬間就同步回到電腦上面。

九宮格筆記更容易分享給他人

後來 Y 君也開始利用九宮格做筆記，有一次我和 Y 君一起開會，中間有個橋段，朋友報告他最近的讀書心得，我一邊聽，一邊用九宮格方式在筆記本上筆記。

沒一會兒，Y 君居然把他的九宮格筆記拍照上傳，看到他寫在方格紙上整齊的字體與內容，立刻讓我發現自己聽講的不足之處，沒想到因為九宮格「固定」的格式，有類似範本的效果，筆記思考不雜亂，也其他人看到這樣的筆記都能夠快速地吸收。

前面介紹了心智圖及 GTD 的自然計劃模式，現在則介紹了九宮格，無非就是希望對於每天的青蛙，我們能有更加多元的方式及工具可以處理，讓我們能夠順利的找出任務的下一步行動。

九宮格法，能夠快速筆記、梳理大量的資料，兼顧手寫及數位打字甚至塗鴉等輸入模式，是一種很棒的分析問題方法，一定要試試看。

· 第七天的練習 ·

你可以練習的步驟：
- ☐ 1. 在紙張或可塗鴉的空白筆記 App 中畫出九宮格。
- ☐ 2. 把你最近思考的問題寫在中心。
- ☐ 3. 在四周方格開始寫上延伸的想法。
- ☐ 4. 某個想法需要更深入思考時，在那個方格內再畫一個小九宮格。

永錫的實作心得：

自然計劃法、心智圖法、九宮格思考法，那一種方法最適合拆解青蛙呢？沒有最好的選擇，只有最適合的選擇。

自然計劃法適合對任務目標都還曖昧不明時，先從任務的願景思考起。

心智圖法適合任務很複雜很龐大時，做出有鳥瞰效果的梳理。

九宮格思考法則適合對有條理的東西進行快速的筆記與深入思索。

在筆記中畫出九宮格，然後透過從中心發散到四周的脈絡，在一個「聚焦中心點的視覺圖形」中整理自己的混亂思緒，既展開又能聚焦自己的思考視野。

第八天

T 番茄工作法
練習調節專注與休息節奏

保持吃青蛙的速度與動能的好方法

　　前面幾天的練習，我們分別進行了「FAST」吃青蛙流程裡的前三個步驟，接下來，我們要進入「T」的部分，也就是透過時間提醒來督促自己吃青蛙，這時候也有一些不同的方法可以試試看，第一個要跟大家介紹的是「番茄鐘工作法」（番茄工作法）。

　　2011 年 9 月 19 日是我開始運用番茄工作法（Pomodoro Technique）的日子，當時在上海聽好朋友鄒鑫（著有大陸知名的時間管理專書《小強升職記》）的分享，瞭解番茄工作法就是製造出工作中的「專注」、「休息」節奏，於是我決心認真使用，從此之後，再也無法脫離。

什麼是番茄鐘工作法？

他的基本原則是我們可以用最高強度專注在一件事情上 25 分鐘，例如看書、背誦、寫作、思考或各種工作任務；然後讓自己精神放鬆 5 分鐘，例如站起來走走、逛逛網頁、聊聊天。只要一直重複這個循環，可以讓自己抓緊時間並維持最高專注力。

專注與休息的節奏

番茄工作法最棒的一點，就是設定明確的計時單位：25 分鐘工作，5 分鐘休息，就是一個番茄。不用思考一件事情要做多少時間，只要想需要用幾顆番茄，簡化時間管理困難度。

25 分鐘衝刺工作，
5 分鐘確實休息。

當工作時，我們只要想到，努力 25 分鐘就會得到 5 分鐘的休息，便不會覺得那麼有壓力；並且想到我們只有 25 分鐘時間，那真的一刻也不能浪費了，也因此能更專注去衝刺工作。

這種全力衝刺，之後完全放鬆的方式，會產生一種特別的感覺，讓人想要吃下更多番茄，又不疲倦。

專注 25 分鐘後，番茄工作法「強迫」你要休息五分鐘，而休

息最低程度是「站起來，離開座位至少兩公尺遠」。適當地休息，讓自己能夠從工作中獲得喘息的機會，也能順便舒展筋骨，做一下鍛鍊，等下才能夠更加專注。

番茄工作法提供給我們一個確實可用的「專注」、「休息」節奏，只要遵守這個循環，工作時間長也不會太過疲倦，反而常常可以獲得加起來更長的專注時間。

我自己長時間實踐後，也有一些使用上的秘訣，和大家分享。

——秘訣一：晨間清單與番茄工作法結合——

我自己有一個早上起床後固定進行的儀式，說是儀式，其實是一連串的固定任務，所以我每天早上起床第一件事情，就是設定番茄鐘，並打開電腦叫出這份晨間清單，開始一項項照著清單做下去。

晨間清單包含哪些事情呢？首先是寫晨間日記（這部分和我們的第三個習慣有關），檢視過去的一天，接著看看行事曆及待辦清單，抓出今天做事情的重點（這和我們目前進行的第一個習慣有關），然後我會決定今天要做哪些運動，再來是洗衣服、喝水、幫家人買早餐、檢查出門要用的鑰匙，和網友互道早安等提醒事項，還有打開今天要用到的軟體，準備開始工作，並關閉不必要的軟體等，照著晨間清單一件件事情處理，一下子，兩個番茄鐘就過去了，而我的晨間儀式已經完成，開始進入我的「Flow」工作狀態。

由於有番茄鐘的控制，又有個晨間清單，我的晨間時間運用更加高效，不僅可以養成好習慣（規劃行程、寫日記、運動等），並且當個好爸爸（洗衣服、買早餐等），甚至提昇做事效率（關閉不必要的軟件）。

這是我在美國搭乘飛機時的體會，我看見機長及副駕駛會拿著一張檢查清單做飛行前的檢查，運用清單，降低飛行過程產生錯誤的可能，當時親眼目睹他們確實地做檢查程序，心中增加許多安全感。

後來，我也會對例行事情做各種清單（例如旅行的打包清單、每週檢視的工作清單等），而晨間清單及番茄工作法的結合，是我覺得效用最大的，也介紹給大家。

秘訣二：番茄鐘節奏最適合吃青蛙

前面提到每天早上列出的青蛙與蝌蚪清單，就可以利用番茄工作法的時間節奏，來好好的吃下去。

什麼是「吃青蛙」？這是美國激勵大師博恩.崔西在「先吃了那隻青蛙」（英文書名 Eat that frog）中介紹的概念，相信經過前面幾天的練習，讀者到這裡應該都已經理解。

青蛙代表的是每天最重要的一件事情，他認為每天都應該要選出我們覺得最重要的事情並將之完成，這樣整天就沒有難得倒我們的問題了。一開始運用後，就發現吃了青蛙的一天，就算是高效的

一天。如果沒選出青蛙，或是選出青蛙卻逃避去做，基本上那天做的都是不重要的瑣事。這個簡單的時間管理概念真的非常重要。

學會「番茄工作法」後，我更進一步發現「番茄工作法」和「吃青蛙」兩者是天造地設的一對方法，因為大部分的青蛙（每天最重要的事情），都需要專注工作一兩個小時以上，才可能徹底解決。但專注很難，所以利用番茄鐘來幫助我們專注吃番茄也吃青蛙。

每個人每天都應該選出最重要的事情，並設定幾個番茄鐘來面對這隻青蛙，一口口地吃下去。

番茄配青蛙，更能順口吃下去！

通常，我會利用上午的時間來進行這件事情，因為早上是我工作效率最好的時段，工作起來特別有效率。尤其吃青蛙是很耗神的工作，到了下午時間精神已經疲累了，不適合吃青蛙，就處理比較輕鬆一些的工作，這樣更能達到勞逸平衡。

如果可以做得到，那麼晚上回家後，就專心和家人相處，儘量不管工作的事情。

再複習一遍，時間管理很重要的技巧是，每天選擇少數青蛙，並想盡辦法將之吃掉，而我發現，番茄工作法能夠幫助我們更加專注地吃青蛙，對我的幫助很大，你一定要試試看。

秘訣三：善用番茄鐘的休息時間

以前我不是很愛運動的人，但是過了四十歲，發現不做運動，精力管理不可能做得好，但是我也常常苦惱時間已經不夠了，哪還能空出工作時間做運動？後來朋友建議我要做些健身的體操，這些動作簡單，是耗時不多的運動方式，雖然很好，但我還是難以持續，直到後來我發現可以用番茄工作法的休息時間來健身！

以前，我的休息時間就是喝水、尿尿、檢查 email、散步等比較休閒輕鬆的活動，這些方式很好，但是並無法達到運動目的。

現在，我會利用這五分鐘做伏地挺身、倒立、深蹲等健身動作，並且記錄我的健身數量，以前老是煩惱沒有時間健身，現在，我每半個小時健身一次，一次做一些健身動作，也不會負擔太重，又能有效切換工作情緒。

最近許多朋友都說我體態改變，自己也覺得比以前更有精力，生產力更好，因此很建議大家善用番茄鐘的休息時間多做運動，這樣除了工作能力好，也能做好精力管理，正所謂一舉兩得。

休息時間，要真正的遠離工作。

最後，我們來說些總結。

　　一個對生命認真的人，一定會珍惜時間，有形的番茄鐘幫助自己統計花了多少時間做事，讓我們用專注認真的態度面對生命。

　　番茄好吃又營養，番茄鐘也是我們時間管理上不可或缺的幫手，您今天吃了沒？

蕃茄鐘相關軟體推薦

透過手機或電腦使用現成的番茄鐘軟體，優點就是他已經幫你設定好每 25 分鐘 +5 分鐘的番茄循環，這樣只要直接計時即可，省去自己設定的時間。

番茄土豆

Focus Booster

30/30

發條番茄鐘

番茄土豆，結合任務清單與番茄鐘，有各平台 App 與網頁版，是很適合吃青蛙的番茄鐘工具。

Focus Booster，有 Windows 與 Mac 軟體，可以在桌面上使用的番茄計時工具。

30/30，iPad 與 iPhone 上很好用的番茄鐘工具，可以自己設定各種工作循環時間。

發條番茄鐘，Android 上像是鬧鐘一樣的番茄鐘計時工具。

・第八天的練習・

你可以練習的步驟：
☐ 1. 找一件需要一兩個小時完成的事情。
☐ 2. 找一個鬧鐘、鬧鐘 App 或番茄鐘工具。
☐ 3. 設定 25 分鐘工作，5 分鐘休息的循環時間。
☐ 4. 計時開始後，專注到事情上 25 分鐘。
☐ 5. 25 分鐘到達後，確實休息 5 分鐘，完成一個番茄循環。
☐ 6. 計算自己花了多少個番茄，完成這件事情。

永錫的實作心得：
「你以為的自己常常不是真正的自己」。在時間管理上，認識自己就是了解自己平常到底怎麼運用時間的？了解自己會在什麼時刻浪費時間？又會在什麼時候善用時間？而充分認識自己的具體方法，就是：

「為自己的時間使用方式留下記錄」。

有沒有什麼方法可以滿足認識自己具體時間運用的目的，但是又可以輕鬆做到、不干擾工作本身呢？番茄鐘其實也可以幫我們做到這件事，透過番茄工作法的計時，瞭解自己每天吃多少個番茄？在不同任務上要花掉多少個番茄時間？

漸漸地，我們也就能掌握自己完成事情的時程了！

Ｔ 設一顆好鬧鐘
給任務一些 SWEET 時間

幫自己留一些餘裕，事情才能準時完成。

　　大腦並不是一個很可靠的時間管理工具，除了記憶不可靠，也不能當作鬧鐘使用，除了我們不可能精準感知現在幾點幾分外，如果我們晚上睡覺前催眠自己「明天六點半起床」，你覺得大腦會在那個時間點叫醒你嗎？當然絕對不可能，這是一點用都沒有的。

　　所以，時間管理不能只靠大腦，我們確實還是需要一個鬧鐘。

　　現代人習慣用手機、電腦、實體倒數計時器做為鬧鐘，但時間管理者使用鬧鐘的方式當然會有一些訣竅，我自己研究多年後，發現鬧鐘也可以有許多好好運用的方法，藉這篇文章和大家分享心得。

幫鬧鐘加上 SWEET 時間

SWEET 是「Stop Working on Everything Else Time」的簡稱，

是我從《搞定一切，還有時間玩》一書中學到的觀念，他的意涵用中文來完整表達就是「開始停止手上動作後，到真的去做下一件事情之前，設定一個提醒自己切換的鬧鐘」。

　　舉一個例子說明：如果今天想搭乘 10：00 的高鐵，我必須在 9：20 出門，但如果我把鬧鐘設定在 9：20 會發生什麼事情？我可能聽到鬧鐘之後開始停止手上的工作，開始換衣服，開始上個廁所，然後過了 10 分鐘才出門，這就的結果常常就是趕不上高鐵。

　　所以在出門前我應該預留 10 分鐘的緩衝時間來做前一個工作的收尾，要不然如果我 9:20 才開始停止工作出門，一定會因為一些原因來不及收尾，最後延遲出門時間，因此我應該設定搭乘高鐵這件事的 SWEET 時間是 9: 10。

把提醒提前，留有餘裕就能 SWEET。

　　可以用 SWEET 原則的地方很多，可以設定出門時間、提醒自己接送孩子、提醒開會時間等，SWEET 原則好處之一就是可以減少遲到機會，並且避免事情因為意外而有所拖延。

　　經過事前的規劃及鬧鐘設定，讓我們在鬧鐘響起時，帶著微笑，不疾不徐停止手邊工作，並且有餘裕克服各種意外，安心走出家門，輕鬆趕上高鐵。

　　這不是很 SWEET 嗎？

如何實作 SWEET 時間鬧鐘？實例示範

明天我要去中正大學演講，地點在嘉義，之後會開會，地點在台中的默契咖啡。我的行程如下。

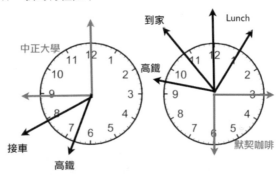

9：00 到 12：00 在中正大學演講，之前還包含交通時間。
15：00 到 18：00 在台中默契咖啡開會，之前也包含交通時間。

只要是出門的行程都會有前置、後置的時間，例如梳裝打扮、交通時間、緩衝時間，為了做有效率的規劃，我們必須把前置、後置的時間加入，於是 SWEET 時間就出來了，而我也知道真正鬧鐘應該提醒的時間。

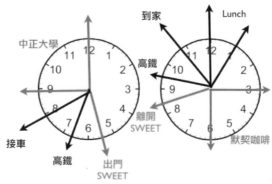

出門 SWEET 是 5:30，離開 SWEET 是 8:30。

鬧鐘幫助我的生活重上軌道

簡單的倒數計時器，其實有非常多的用途，讓我們一一細數。

讓約會不再遲到

這概念類似 SWEET 原則，我們應該在出發前往約會之前的適當時間，先提醒自己，結束上一個動作，然後準備往下一件事情的場合移動。

我應該設定的鬧鐘不是出門去約會的時間，而是「停止上一個行動」的時間，鬧鐘響起提醒我開始停下手邊工作，這樣我就能在準確的時間出門。

這樣子，不僅不會遲到，心情也比較緩和，就算有突發狀況發生，由於留有緩衝時間，就能降低遲到機會。

讓生活雜務也有時間處理

隨身攜帶的手機，可以是協助養成習慣的好工具，尤其是例行性的事情。例如要接小孩下課、晚上洗澡後要洗貼身衣物等，這些小事都很容易忘記，或者因為「自己忙不過來」而手忙腳亂做不好這些生活雜物，甚至沒有去做導致生活失序。

這些其實不是我們沒有時間，而是我們把時間卡得緊緊的，忘記留下 SWEET 的彈性空擋，所以什麼事情都趕，什麼事情都做不好。

但藉由倒數計時器的「提前」提醒，可以幫助自己養成好的生活習慣，例如接小孩前 20 分鐘就開始提醒我停下手邊工作、。當我們能夠重新掌控生活時間，培養自律的習慣，對自己更有自信，大家一定要試試。

生活不是沒時間，而是我們忘記留下時間。

做一個對自己的承諾負責的人

對自己的承諾負責是很重要的事，而且我們應該從生活小事做起，在小事情上，就應該養成對自己說的話負責的好習慣。

當我對孩子做出承諾時，也會在手機中的鬧鐘中設定提示，當一個說到做到的爸爸。

很多的小事也可以用類似的方法來處理，例如乾洗店送洗衣物需要兩天的時間才能洗好，就設定兩天後外出提示，去拿乾洗好的襪衫。

學會快速設定鬧鐘，就能夠增強時間管理的能力。

讓自己在生活上可以一心二用

一心二用不太好，但有時候我們不得不同時處理兩件事情，這時候設一個鬧鐘，幫我們提醒另外一件暫時放下的事情，就可以讓

一心二用卻不會掛一漏萬。

例如燒開水的時候，我都會設定一個鬧鐘，才去做下一件事情，為什麼呢？我們家的水壺，通常要 11 分鐘左右可以煮沸開水，所以就設定 10 分鐘後去檢查，到的時候水還沒煮開，等一下子水就開了，這樣也安全許多。

這樣的方式可以運用在很多事情上面例如洗衣服、微波食物、泡泡麵等，這些小事記在腦中很容易忘，但又想同時先去做另外一件事情，這時候就讓倒數計時器來提醒，方便又實用，自己也可以安心的一心二用。

疲倦之前就要先休息

我二十多歲在上卡內基訓練時學到一個好習慣：

疲倦之前就要先休息。

開始使用番茄工作法後，每 25 分鐘就休息一次，時間一到了，就站起來走一走，看看遠處，做做體操，以免眼睛都注視同一距離的東西太久。番茄工作法其實就是一種鬧鐘應用的極致作法，在前一天練習裡我們也有好好的說明。

你可以隨身攜帶的倒數計時器

說了倒數計時器這麼多好處，接著就要來選取適合自己使用的倒數計時器了，倒數計時器基本上可以分為三大類：手機、電腦、實體計時器。

手機上的倒數計時器

每支手機都附有鬧鐘軟體，我覺得用手機來提醒自己是出門在外最方便的工具了。以前我常常坐高鐵從台北到台中，設個鬧鐘，既可以在車上休息一下，又不用擔心會坐過頭。

我用的是 iPhone，只要叫出 Siri（內建在蘋果 iOS 系統中的人工智慧助理軟體），就可以口語對 Siri 說出一些指令，例如：

提醒我下午一點出門

設定一個 25 分鐘倒數

設定一個下午 5：30 的鬧鐘

這樣就能設定鬧鐘，對雙手沒空的狀況特別好用。

電腦上的倒數軟體

我使用「Vitamin-R」及「Due」做電腦（我使用 Mac 電腦）裡的倒數計時器。

Vitamin-R，運用番茄工作法原理，讓我們專注工作。事前先設定每個番茄鐘的目標，時間到了 25 分鐘就會有明確的鬧鐘提醒，

要自己休息五分鐘。只要持續使用，就會記錄自己所有執行的番茄鐘時間用在何處，相當便利。

Due 則是一個專業的鬧鐘 App，可以快速輸入幾點自己要做何事的鬧鐘，或設定倒數計時，整個過程如同行雲流水，相當流暢，更棒的是可以同步到 iOS 設備，就算離開電腦，也能夠提醒自己。

實體倒數計時器

多年來，我都用實體倒數計時器控制時間，喜歡一次使用兩個倒數計時，一個計算演講何時結束，一個計算離下一個活動還有多少時間。

實體倒數計時器的最大好處，就是一直可以看到倒數時間的數字流逝。手機、電腦的計時器，都無法隨時看到剩餘的倒數時間（或者數字太小），但是實體倒數計時器有很大的畫面，讓你清楚知道還剩下多少時間。

幸福行動家的「5S 生活」也設計出非常精美的實體番茄鐘，我們家的孩子非常喜歡，做作業之前就拿著番茄鐘計時，因為他們寫完功課，就可以去玩電腦囉！（可查看：https://5s-life.world.taobao.com。或搜尋「5S 生活 淘寶」）

用鬧鐘培養時間感

要訓練時間感，我覺得倒數計時器非常重要，這篇文章介紹

SWEET 原則、約會、習慣養成、零星事情、做家事、疲倦前就休息等倒數計時器的用法，長久這樣做，對時間的感覺就會出來，知道自己做一件事情耗時大概要多久。

訓練好「時間感」其實對自己的幫助很大，很多上班族常常要加班，就是做事情時缺乏時間感，个知道自己到底要花多少時間完成任務。

而善用時間感的人反而能準時下班，他知道何時作一件事情的工作效率最好，也知道作一件事情需時多久，於是善於安排自己的時間，能在正確的 SWEET 時間提前開始，時間管理能力就是這樣一步步增強的。

一起來運用倒數計時器培養時間感吧！

· 第九天的練習 ·

你可以練習的步驟：
☐ 1. 找一個今天的行程，計算出他的 SWEET 時間。
☐ 2. 在 SWEET 時間設定鬧鐘，讓自己輕鬆準時。
☐ 3. 在上床睡覺前留一些 SWEET 時間。
☐ 4. 在 SWEET 時間做一些家務瑣事。
☐ 5. 幫自己的手機與電腦找一個適合的鬧鐘工具。

永錫的實作心得：
在我們 FAST 練習中強調的吃青蛙，也可以搭配 SWEET 鬧鐘來執行，
我們可以將今天重要的任務排一個處理時間，例如早上 10 點到 12 點，
然後設定一個鬧鐘提醒自己應該開始吃青蛙。

可是，我們的鬧鐘應該設定在 10 點嗎？這樣的話我很有可能 10 點 20
分才開始進入工作狀態，那這樣就變成 12 點多才能把工作完成，結果
後面的其他工作也跟著拖延了。

所以，最好的方法是設定 9 點 40 分的提醒，告訴自己這時候就要開始
準備吃青蛙了，如果你的鬧鐘提醒都包含 SWEET 時間，你就更不容易
拖延。

FAST 總複習
學會吃下那隻青蛙

只有先完成最難的事，今天才會快樂充實。

時間過的好快，一下子，十天的時間就過去了，大家是否真的跟著我們一起每天練習一個步驟呢？這段日子中，我們讀了九天的文章，做了課後的作業，相信大家對本書第一個大習慣：「FAST吃掉那隻青蛙」，已經有了更全面的了解，並且知道如何執行的多個步驟。

現在，該是做一個複習及小結的時候了，第十天不急著學新東西，好好先把舊東西複習一遍，溫故才能知新，在邁向第二個習慣前，先看看這些天，我們努力了些什麼，就讓我們一天天的複習吧！

複習前面九天的練習

第一天，吃青蛙及 FAST 原則

說明我們第一個習慣：每天起床吃青蛙，並且介紹了 FAST 原則，分別是 F：選出今天的青蛙（Frog），A：建立行動（Action）清單，S：切小（Slice）青蛙，T：時間（Time）番茄工作法及 SWEET 原則。

第二天，F，選出每天的青蛙

這裡介紹了李開復的故事，並說明了「要事為先」（先吃青蛙）的概念，還有「想成功，先吃了這隻青蛙」這本書的幾個重點，幫助我們每天選出 1-3 隻青蛙。

第三天，A，思考如何把雜事加工成行動

破題舉了伯利恒鋼鐵公司的例子說明清單的重要，並說明如何找出每天的青蛙及蝌蚪，介紹了如何讓雜事加工成行動（文法公式），幫助挑選出每日的 5-7 隻蝌蚪。

第四天，A，維持高效率行動清單的方法

維護行動清單需要付出努力，但是也有四點好處，包含了清空收件匣抓每日青蛙、把雜事加工成下步行動、保護彼此先吃青蛙空、每天立會可以抵抗內外干擾，這四個好處可以幫助我們不僅處理好自己的事情，也能增進團隊的生產力，而專注的空間不是你自己一個人的事，而是大家一起努力才能做到。

第五天，S，GTD 自然計畫模式

介紹了 GTD 自然計劃模式，並舉了一個計畫餐會的例子，透過使用自然計畫法，做好一個有效的任務切割規劃。

第六天，S，用心智圖找出關鍵行動

面對更複雜的青蛙時，我們可以拿出心智圖這個工具，在心智圖的樹狀組織中把青蛙細分，並且看出青蛙的脈絡，找出最關鍵的行動。

第七天，S，九宮格思考法

面對需要嚴謹邏輯思考的任務時，任何一張紙都能開始進行的九宮格思考術，可以幫助我們快速寫出青蛙的完整邏輯脈絡，有助於架構吃青蛙的正確過程。

第八天，T，番茄工作法

介紹了番茄工作法，說明「專注」及「休息」兩個番茄工作法重要元素，並舉三種運用方法，讓我們利用番茄工作法，管理好每天早上的例行事務，做好每天吃青蛙這項任務，並且利用休息時間做好健身。

第九天，T，SWEET 原則及倒數計時器

這天介紹了 SWEET 原則，各類的計時器用法以及不同種類的

計時器。若是能夠熟練這些方法，能夠增強我們的時間感，知道何時作一件工作效率最好，也知道作一件事情需時多久，時間管理能力就是這樣一步一步增強的。

結尾

第十天的課程，是我們第一個習慣：「先吃了這隻青蛙」的小結，我們也幫助大家做了簡單的複習，讓大家更能抓到這個習慣的重點。

最後，讓我們稍微跳脫時間管理練習的方法，我要提一個觀念「風格比能力重要」，這是我作為一個領導者，這些年來的體會。

一個人，儘管做事能力再強，但是還是在人群中工作，因此要非常注意自己如何「對待他人」，要常常站在別人的角度來思考，而不僅只想著自己快點把事情完成，趕緊下班。

因為做不好人，你就做不好事。

為什麼講到這裡，因為時間管理其實是一種領導人的訓練，吃青蛙不只是讓大家成為完成工作的機器人，而是要成為「懂得掌握重要的事情」、「懂得留給自己更多時間」的真正的人，是要讓人快樂，所以我們才要先吃青蛙，您覺得有沒有道理呢？

· 第十天的練習 ·

你可以練習的步驟：
□ 1. 讓自己休息一天，休息也很重要。
□ 2. 趁著休息時間，把前面九天文章好好重讀一次。
□ 3. 吃青蛙的步驟都熟練了嗎？如果沒有，我們可以重第一天開始繼續練習十天。
□ 4. 反覆這十天練習，直到熟練為止。

永錫的實作心得：
FAST 原則除了可以幫你個人完成一天重要任務的執行，其實也是一個團隊工作流程的管理。

F，就是找出團隊專案裡最重要的事情有哪些？

A，就是列出整個團隊專案的進度清單。

S，就是分配任務、切割任務，讓每個團隊成員有能力去吃下他們。

T，就是分配專案時間，讓每個團隊成員有時間餘裕去完成任務。

所以第一個習慣講的所有原則，一樣適用於團隊的時間管理上，大家值得好好延伸思考。

每天吃青蛙 8 頁小書下載與解說

下載八頁小書範本（更詳細說明也可以參考範本）：http://j.mp/ 三個習慣附錄下載

讓你把大青蛙（困難任務）透過 S 方法切成小青蛙。

任務名稱

列出青蛙之外的蝌蚪（次要任務）。

把大青蛙切成小青蛙

把大青蛙切成小青蛙。

把大青蛙切成小青蛙

把大青蛙切成小青蛙

你可以把 8 頁小書的範本列印下來，一個範本是一到三天份的任務管理，將 8 頁小書隨身攜帶、摺放在皮夾中，就可以快速練習吃青蛙。

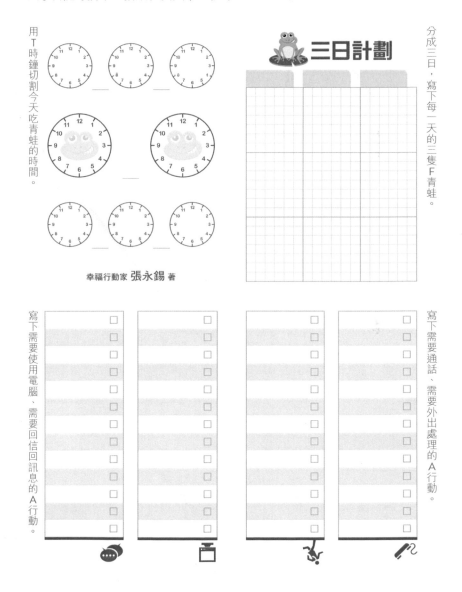

第二個習慣：
清空收件匣

為什麼有的人被雜事打敗，總是抱怨時間不夠、事情太多，工作與人生都充滿壓力，但事情卻一件也無法好好完成。但是，有的人卻可以把雜事轉化成動力，他們看起來一樣忙碌，但忙得開心，忙得有目標，忙得有條理，而這正是我們透過時間管理想要達到的境界。

這個境界就需要第二個關鍵習慣：「清空收件匣」，看似簡單的一句話，裡面卻包含了如何把雜事加工成行動的技巧，以及如何可以快速處理大批雜事的方法，我幫這個方法取了一個名稱叫做「捅人利器」。

並且在第二個習慣中，我特別設計了一個時間管理自我檢核表，透過這張表的反省，我們可以打通從雜事到行動的任督二脈，相信這是對大家都有幫助的。

清空收件匣
打造人生高效率中樞

你的時間管理系統是台鐵還是高鐵？

時間是某次永錫主辦的兩天研習會一開場，所有學員頭上粘著便利貼，玩著「殭屍遊戲」。

這個遊戲是這樣的，便利貼上面寫著每個同學使用的時間管理工作中樞名稱，上課的學員一面看著別人的額頭，一面找到和自己使用同樣工具的人，逐漸靠近彼此，形成同樣工作中樞的小組。

最多人使用的是 Evernote，接著是 Google 日曆，還有手帳（紙本）、奇妙清單、Omnifocus、滴答清單等。也有人不知道他的時間管理工具為何，自成一個小組。

接著我要大家進行小組分享，說出這些工作中樞的五個優點，很多學員都會說出以下的優點。

快速捕捉雜事、列出行動清單、組織方式靈活多變等等的優點等…。

為什麼要做這個練習呢？因為時間管理需要一個「中樞」，來統籌所有收納進來的任務。

從雜亂台鐵到直達高鐵的時間管理轉變

第二個習慣所講的就是「清空收件匣」，就如同接下來的插圖所畫的，一個人擁有電子郵件、筆記、行事曆、行動清單、任務清單、各類資料庫、Line 等時間管理工具，但若無法架構成井然有序的工作流程，就會覺得充滿雜事，無法推進任務，所以需要「清空收件匣」。

而一個清空收件匣系統的思維，就是要架構出可以百川納海收納任務的收件匣系統（下頁圖右上），並且進入一個統一中樞，最終加工處理成行動系統（圖右下）。

我們玩「殭屍遊戲」選出的工作中樞，就是要讓雜事加工成行動的過程暢通無阻，並且不斷收斂到最終的一條高速鐵路上，從雜亂的道路到最後用高鐵的速度直線飛奔，效率自然大增。而這條高速鐵路，需要有一個強力的火車頭，這就是時間管理中的「工作中樞」（也就是右圖的劍來代表）。

接下來的十天練習，我們會從雜事的收集、收件匣管理、批次加工雜事成為行動，放到合適的資料庫，選擇出工作中樞，一步步探討與練習。

我希望各位讀者，練就清空收件匣的一流身手，若是以火車的

速度來做比喻，沒辦法做好清空收件匣的人，是台鐵的速度及服務等級；能做到清空收件匣的時間管理高手，則是高鐵的速度及服務等級。

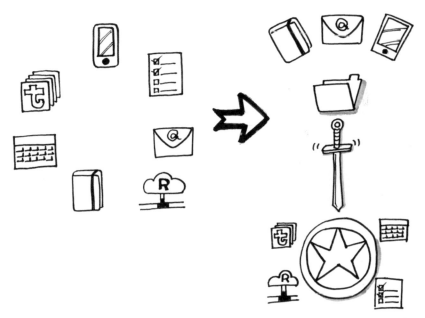

這張手繪圖展示了原本我們的任務系統像圖左方一樣很分散，所以雜事永遠都是雜事。但是經由本書第二個習慣的清空收件匣過程，我們可以像圖右方那樣，收納到一把寶劍上（我稱呼為捅人利器），最後和第三個習慣所構成的 STAR 神盾系統結合成高效率的時間管理流程。

清空收件匣第一步：收集雜事

清空收件匣有三個主要流程，收集雜事、加工成行動、組織行動提示系統，後面幾天練習中我們會分別討論，讓我們先做基本介

紹。首先是收集雜事。

　　面對日益增加的會議、電子郵件、會談筆記、電子及紙本文件、電話會議、各種想法等雜事，我們要藉由收集雜事的習慣讓自己工作逐漸上軌道。

　　要清空收件匣，首先要有好用的收件匣，後面幾天練習裡我們會針對目前讀者的具體需求，討論如何管理好即時訊息、電子郵件及筆記本三種收件匣的訣竅，並進而建立好收件匣系統。

　　收集雜事這個流程，由收集雜事的習慣及建立收件匣系統兩個部分構成。練好這個流程的益處是，讓雜事進來的同時，立刻收到收件匣，繼續專心在眼前的事情上，並且因為雜事放在頭腦以外的地方，也能夠降低心理的壓力。

清空收件匣第二步：把雜事加工成行動

　　雜事還不是你的行動，在第一個習慣中，我們已經提過要找出任務的下一步行動才是關鍵，要不然死的任務永遠不會被執行。

　　再後面幾天的練習，我們會學習「把雜事加工成行動」的「文法公式」，可以說是把雜事一件件加工成行動的技巧；再配合批次處理的方法，加快清空收件匣速度，打造一條由雜事收件匣，進化到行動提示系統的高速鐵路。

　　練好這個流程的益處是，用標準的流程來處理雜事到行動的轉變，並且藉由文法公式、建立工作中樞、捅人利器等方法，持續打

磨這把利器，處理起雜事就能快如閃電。

清空收件匣第三步：
找出連接行動系統的工作中樞

到了更後面的練習，我設計了一個了解自己「清空收件匣」系統的表格，大家到時候可以跟著填寫，瞭解收件匣系統（Input，分即時訊息、電子郵件及筆記本三類）的各種工具，也思考行動提示系統（Output, 分成 S.T.A.R 四類）的各種工具。

然後我們就能選擇出可以打通兩個系統的「工作中樞」，接著挑選出清空收件匣的路徑圖，最後用「捅人利器」原則（後面的練習也會一起實作），批次處理雜事、清空收件匣。

練好這個流程的益處是，找出自己的「工作中樞」後，就可以持續學習，讓整個時間管理系統有效率，從每次的收集、加工、組織不斷提升，把事情作得不僅更好，而且更快。

學習好「清空收件匣」的三個流程，就是練習三個基本功，首先是管理好雜事收件匣系統；其次，架構好行動提示系統；最後，清空收件匣，把雜事到行動的高速鐵路打通。

讓雜事有明確可以放置的地方，有明確的流程讓雜事變成行動，最後做事的速度品質因為有良好的行動提示系統而提升，這就是清空收件匣的目的。

·第十一天的練習·

你可以練習的步驟：
□ 1. 不急著進入第二個習慣，先再次思考第一個習慣的重點。
□ 2. 重複思考本文所附的兩張圖的意義。
□ 3. 問自己：是否常常被大量資訊與雜物所困擾？
□ 4. 放下擔心，準備一起進入打造時間管理高速鐵路的練習。

永錫的實作心得：
我要呼籲各位讀者，研讀接下來的九天文章時，必須詳讀內容（可以重複閱讀不懂之處），認真做好練習，把想法寫在書頁留白之處，確認每天的概念都非常熟悉，因為這一部份可以說是本書的中樞神經。

接著利用後面會提供的「清空收件匣」自我檢查表格，架構出屬於你自己的「清空收件匣」流程與工具系統，並且不斷磨練系統，這樣時間管理的能力一定可以快速提升。

讓我引用哈佛大學教授愛德華‧奧斯本‧威爾森（Edward Osborne Wilson）有關「資訊整合者」的概念作為結束：

「這個世界資訊固然非常多，但終會被資訊組成者宰制，這些人能在對的時間點，歸納整合正確的資訊，批判性地思考，明智地做出重要決定。」

時間管理的高手能運用合適的工具，架構出清空收件匣的流程及工具系統，批次把雜事加工成行動，成為未來世界的「資訊組成者」。

收集雜事的力量
清空收件匣的第一步

讓雜事不再成為你人生的心頭大石

「清空收件匣」的第一個流程是收集，分成兩個部分，一個說明「收集雜事」，一個是講「收件匣系統」，所以我們分成兩天來說明。

接下來讓我們用 R 君學習收集雜事的故事，來瞭解這一天要學習的內容。

R 君是我多年的朋友，雖然小我將近二十歲，但是互動頻繁。他大學時候是獸醫，後來轉行擔任網路公司的行銷工作。他在工作之餘有非常多的嗜好，學英文、跑步、閱讀、寫文章、舉辦活動，是個活力十足的人，有一次，他聽了我的演講後，跑來和我請教時間管理的問題。

「永錫老師，我可以請教你一些問題嗎？」R 君一開始有點害羞，說話吞吞吐吐。

「我覺得最近工作失去平衡了，公司要我擔任小主管，但是公司業務量突然變好，一上班就是大量的郵件、會議、Line。雖然帶著兩位新同仁，但是基本上都是一個人辛苦加班，彷彿事情都卡在我身上，也無法授權。每天壓力很大，心很煩，晚上睡不好了。」劈哩啪啦，R 君講了一大堆。

「喔！你要不要好好練一下『清空收件匣』的功夫，從收集雜事開始？」我仔細傾聽後，覺得應該鍛鍊他處理雜事的能力。

什麼是雜事？如何收集？

什麼是雜事？雜事就是我覺得我有責任要做，但是「還沒釐清下一步行動」的事情。

什麼是收集？收集就是，把雜事放到「頭腦以外」的地方。

把還沒想到下一步行動的事，放到頭腦以外的地方。

之前我們提到吃青蛙，這在突發狀況少的一天內很有用，但 R 君的狀況是每天有很多不可預期的郵件、文檔、會議記錄、電話、想法，麻煩的是，雖然努力加班來面對雜事，但是都在處理「緊急不重要」的瑣事，無法把重要的任務向前推進。

　　而這些還沒處理完的雜事都放在 R 君頭腦中，難怪晚上也睡不好，因此收集雜事並放到頭腦之外的收件匣，就是我給 R 君的第一個建議。

──變成「高品質」雜事的自我檢核表單──

　　我請 R 君說明一下，他採取了哪些行動來處理雜事過多這個難題。「我新買了 iPhone，也下載了許多朋友推薦的 App，但是都沒有時間學，而且事情還是一大堆。」R 君苦著一張臉說。

　　其實，重點不是工具，而是處理事情的那顆腦袋，

　　我決定幫助 R 君釐清手上雜事，拿出一張白紙，慢慢詢問 R 君工作的場景，並記錄下來，分析他雜事的種類，並寫上說明。接著，我們一起思考如何讓這些雜事變成「高品質的雜事」，意思是長期而言，R 君如何讓新進來的雜事，能夠變成下一步行動幫助他推動工作。

雜事的種類	說明	如何變成高品質雜事
當面溝通	對同事的承諾，開會的發言	開會或對話前需要事前規劃，做出承諾要寫下來
電子郵件	商場上正式的溝通方式	發信要謹慎，好好寫每封信，必要時先請上級或前輩過目，再寄出信件
電子文檔	有任務的說明、部門的規定、合約的內容、投影片等	要建立資料庫結構，整理各種文檔

紙張文件	請款單據、書面公文等	利用 L 透明夾分類處理，整理一份檔案清單，瞭解自己手上的文件
電話	Line、Facebook、微信等即時訊息，當然還有打進來的電話。	降低即時通訊的數量，並把對話及打電話中的承諾，記錄到收件匣中變成行動提示清單
各種靈感	想做而未做的事情，對計劃推動的想法、設計產品的草圖	收集到靈感收件匣中，定時整理

「有一句英文是『Garbage in, garbage out』，意思就是說，當系統內充滿垃圾訊息，完成任何事情的品質都不會高。」我一面指著表格，一面說明：「每天都會有一大堆雜事進來，弄清楚哪些雜事可能會進來，才能快速思考下一步行動。長期而言，進來的雜事能夠幫助我們推動任務，這才是治本的方法。」

「一點都沒錯，要把混亂的雜事，變成標準的作業流程，這樣子才省力氣。」R 君恍然大悟

養成把雜事立即收起來的習慣

接著，很重要的就是讓高品質的雜事不要停留在我的心中造成干擾，而應該立刻「收集」起來，收集好了，我們就可以先忘記這些雜事，先處理手邊重要的任務，等有空時再去擔心已經收集起來的雜事就好。

打開手機，我秀給 R 君看看我一天之內記錄了哪些雜事：

幫家人買早餐，每人點菜清單

Ａ廠商希望的某產品修正細節

寫書時附圖的塗鴉筆記

設定了上午電話會議的鬧鐘

昨天和同事一對一對談記錄提示

一家在附近的好餐廳名稱

　　記錄的雜事包含了對自己或他人的承諾，也可能是腦中浮現的有趣有價值想法，或是一些內心的感受、異想天開的計劃、需要訂出時間提醒自己的事情等。發現一有想法，立刻先收集起來，本來的工作被打斷的時間只有一下子，但寫下雜事後，立刻就回來專注在原本今天的青蛙上。

　　後來讀到認知心理學中「延伸心智」（The extended mind）的理論，才知道，用有效的工具，把大小事情都收集起來的習慣，可以增加心智力量，讓做事能力更強。

　　不僅僅如此，腦中的想法，有一個類似 SOP 的流程處理，讓「念起即覺，覺已入匣」。雜事一浮現在腦海，手中就已經拿起手機，記錄這件事情，記錄下來後整個人覺得很輕鬆，就能回頭繼續專注面對眼前的工作。

時間管理從收集雜事出發

　　「那如果我也養成收集雜事的習慣，就算是做好時間管理

嗎？」R 君聽得很專心，提出的問題也很棒，我心裡面暗自稱讚。

「當然沒那麼簡單，我的經驗是，不止把雜事放到收件匣，還要能用標準的流程『清空收件匣』，反覆練習後，時間管理能力自然提升。」我回答到，這也是我們後面幾天練習會慢慢實作的。

不過，學會收集高品質雜事是關鍵的第一步。但是也不能只停留在這一步，當練好每天吃青蛙的習慣，卻沒有清空收件匣，每天的視野就專注在「日」層次。

若是從「收集雜事」開始，把雜事加工成行動，放到行動提示系統，慢慢的，吃青蛙的能力更加增強，能夠處理複雜的任務，也比較不會受到突發狀況的干擾（因為可以收集起來，晚點做），這樣就能從吃青蛙提升到任務管理，也就是「週」的層次。這是我們後面的練習要繼續實作的。

·第十二天的練習·

你可以練習的步驟：
☐ 親愛的讀者，你也有像是 R 君的困擾嗎？到這裡請你停止一下閱讀，拿起一隻筆，在下面這個表格中分析一下你的雜事來源及如何收集「高品質雜事」吧！

雜事的種類	說明	如何變成高品質雜事？

永錫的實作心得：

過了一個月，我又見到了 R 君，這次他的表情輕鬆很多，他跟我分享了他的心得。「雜事進來，先放到收件匣，儘量還是專注先吃青蛙，等到有空檔，再來處理，這樣就真的少了很多無謂的干擾與擔心，整個流程也都能有效率的上軌道。」R 君開心的說。

「做事靠系統，不要靠感覺」。用系統化的方法，來處理工作中各種雜事，時間管理核心的能力，就是建立運作良好收件匣系統及行動提示系統，讓我們繼續學習下去。

顧好收件匣
必學的三種雜事整理

讓你的工作與生活雜訊全部上軌道

我爸爸的襯衫口袋很神奇，他常和我說，這是他的「收件匣」。

不論在辦公室或家中，他想到一些事情時，就會寫一個小紙條，然後放進口袋中，有空的時候，就從口袋把這些紙條拿出來，看哪一些事情需要處理。

這是他的收件匣系統，只要拿紙條出來，就看他拿一枝筆思考那件事情的下一步行動，寫完滿意了，再放回口袋，直到所有拿出來的紙條，都加工過才休息（有的已經完成或不用處理，就丟掉）。

爸爸的口袋雖然簡單，但是非常有用，在他擔任公司董事長的那幾年，他這樣就管住他工作及生活的大小事情，讓自己「花更少的時間，卻更有效率」。

身為現代工作者，我們也需要一個高效率的「收件匣」，幫助我們管好手機裡的訊息、電子郵件及筆記本，準備好迎接挑戰了嗎？

管理好收件匣一：即時通訊

或許是因為在工廠待過的原因，爸爸對於科技工具非常捨得花錢，除了買過蘋果電腦送給我和弟弟之外，有一次到內地還曾經幫我的朋友辦了一部行動電話，這在當年還是很少人使用的工具。

「這樣子當他要聯絡他人時，才會更有效率。」他是這樣和我說的。

由於 Line、Facebook、與各種即時通 App 的出現，現在手機加上即時通，變成我們非常強力的訊息收件匣工具， 但是，相對的我有很多老闆朋友，卻嚴格規律 Line 及 Facebook 在工作上的使用，因為這些即時通訊工具很難成為高效率的收件匣，原因如下：

A. 因人而生：

群組出現，是因為一群人，因為一件事情而聚集在一起，但是過了一陣子，這個任務消失了，但是群組還存在。這些群組，其實都是時間黑洞，進去了，時間耗費高，但效率很低。

B. 生命週期：

Line 及 Facebook 若要成為高效的收件匣，任務（群組）就不能無止境的增加，必須有「生、老、病、死」的週期，不然就一定沒有效率。

C. 輕諾寡信：

在這些即時通訊服務裡，家人朋友或同仁間常常會作出承諾，但是卻很容易產生爭執。因為缺乏工作場景的支撐，注意力又很容易其他群組抓走，不是一個正式溝通的場合（不相信，你用 Line 跟女朋友分手看看）。因此，常常有輕諾寡信的行為。

D. 搞小圈圈：

當群裡的人數超過三十人，沒有明確的規範，很容易在大群中，產生許多小圈圈，容易產生政治問題，讓群裡面的氣氛變得複雜。

所以，這是時間管理高手要管理好的第一個收件匣

因此手機的即時通訊雖然便利，但是如果沒有能力將裡面的「雜事」加工成下一步行動，並放到即時通訊 App 之外的地方，就很難產生高效率。

把即時通裡的任務，收集到即時通之外。

我們還會在加工及組織兩個流程中，繼續討論這個問題。因為我們的目標是「善用同仁手中的手機，提升團隊工作的效率」。

管理好收件匣二：電子郵件

我爸爸後來離開生產部門，開始擔任管理職，開始有很多文書作業。記得我小時候，坐到他的辦公桌上，永遠看到很多的文件、卷宗、信件。腦裡的鏡頭是，他戴著眼鏡，用一隻紅筆，在文件批注的專注表情。而我們這個時代，公司內部或和外部聯絡的工具，就是「電子郵件」。

這也是時間管理高手，要管理好的第二個收件匣。接下來分享我自己管理 Gmail 收件匣的幾個秘訣

A. 搜索：

Gmail 有超強的搜索功能，信件不一定需要歸檔，只要回想一下關鍵字，或收到信的日期，就可以用搜尋功能找回。

B. 過濾：

Gmail 有強大的信件過濾器，自動篩出社交網路郵件、促銷廣告、論壇等不需要看到的內容，若有時有「漏網之魚」，只要用拖拉方式，把該封信件拖到這些「過濾分頁」，同個郵箱寄來的信件就不會再出現在收件匣中，節省大量時間。

C. 善用 inbox for Gmail：

inbox for Gmail 有三個功能和時間管理有關，首先是「釘選

郵件」功能，按了後，會出現「記得要…」的輸入欄位，這樣可以把一封郵件變成一個行動提示；其次是「設定時間提醒」，收件匣中的信件會暫時消失，直到設定時間到了才會再出現提醒你行動；最後是可以「打勾」，按住郵件往右滑動，就可以幫郵件打勾並封存，享受做事完成的快感。

D. Garbage in, garbage out：

發信要有節制，不要發無謂的郵件，我們自己也就不會收到無謂的郵件，長期而言，收到的信也會減少。

這邊雖然舉的是我使用 Gmail 的例子，但是用 Outlook 的朋友應該也可以觸類旁通，鍛鍊批次處理能力，清空電子郵件收件匣，讓工作更高效，壓力也降低。

管理好收件匣三：筆記本

我還記得一件事，爸爸寫得一手好字，但是我的字相比之下就醜得要命。我也喜歡筆記，而且我認為這是我第三種重要的收件匣，我用四種工具記錄筆記。

第一種是用紙本：

雖然字醜，但是我還是很喜歡書寫在紙本上的感覺，前幾年我喜歡用心智圖的方式記錄，這些年越來越愛用九宮格方式來記錄我

的思考過程，這是我思考任務的方法喜歡用的方法之一，不過我會在紙本筆記後，把筆記拍照存進我的數位筆記收件匣。

第二種是用手機上的筆記 App：

這是非常好的收件匣，我稱為「發現的筆記本」，對於我頭腦一閃而過的靈感，圖像的思考，需要拍照的場景，對他人的承諾，我都會記錄在隨身攜帶手機中，這是我想法的收件匣。

第三種是平板上的筆記 App：

我使用 iPad Pro 來做為數位筆記本，超大的螢幕可以瀏覽，長時間的電力支援，加上可以「塗鴉手寫」的功能，可以批注文件，對於我寫作及製作投影片都有很好幫助。

第四種工具是電腦筆記：

在我寫作或製作投影片等創意工作時，或者分析一個任務時，我會打開筆記來作為收件匣，記錄大量的點子。

而像是 Onenote 這樣的筆記 App 可以在手機、平板與電腦上同步，我就能用同樣的服務處理不同情境的筆記收集。

從管好既有的收件匣開始

以上我們介紹了三種收件匣：手機的即時通訊、電子郵件、

筆記本，並介紹了讓這些收件匣更有效率的方法，因為這三個收件匣和生產力息息相關。

但是，我們要的不止於此，單單把雜事放在一起，只是讓煩心的事情放在找得到的地方，接下來我們還需要「加工」及「組織」，我們下一天的練習就要來深入這部分。

「加工」，就是把「收件匣系統」收集的雜事批次加工成行動。

「組織」，就是把加工後大量的行動提示分別放到行事曆、任務管理、行動清單、參考資料庫等，當需要時可以快速取出。

換句話說，不僅是要收集雜事到收件匣，這是被動的思維；還要把收件匣組成系統，和行動提示系統打通，把個人或企業的任務管理高速鐵路建構起來。

·第十三天的練習·

你可以練習的步驟：
□ 1. 找一個可以收納所有即時通重要訊息的收件匣。
□ 2. 練習管理郵件收件匣，嘗試減少收件匣中的無用郵件。
□ 3. 幫手機、電腦與紙本筆記找一個共通的筆記收件匣。
□ 4. 思考自己的雜事是不是都涵蓋在這三大收件匣中。

永錫的實作心得：
我的爸爸雖然只是把襯衫的口袋當作收件匣，但是他反覆檢視裡面的
紙條，加工成行動，第二天才能帶到公司去推進。

而我是把手機的即時通訊功能、電子郵件、筆記本組成收件匣系統，
並用每天早上吃青蛙，寫晨間日記的檢視習慣，不斷把雜事加工成行
動，讓收件匣系統運作良好。

這樣的使用收件匣的習慣，讓我時間管理的能力持續進步。

你建立好「收件匣系統」了嗎？建立收件匣系統後，我們就進入第二
個流程 "加工"。

第
十
四
天

把雜事加工成行動
建立時間管理的高速鐵路

把雜事描述成行動的「文法公式」

「爸爸，我想和你聊一件事情。」我們家老大 Kris 說

「什麼事情？」我回答

「我知道為什麼建造高速鐵路系統對台灣很重要了。」Kris 很認真的說

「說說看」原本在閱讀的我，聽到兒子想要發表想法，就放下手上的事情，專心傾聽。

「就像是把雜亂的電線，『束』在一起，這樣就很整齊，高速鐵路系統把北、中、南往來交通原本低效率的移動方式，『束』成一個高效率的公共運輸系統，因此對台灣很重要。」Kris 開始滔滔不絕說出他的見解，哇！還真是不簡單。

我也想到小時候，台中到台北，平時就要花上三、四個小時搭火車，現在只要一個小時就可抵達，高速鐵路真的帶給我們更高

的效率。

　　進而聯想到，我們連通「收件匣系統」及「行動提示系統」，就需要這樣的高速鐵路系統，這個系統叫做：「把雜事加工成行動」。

把雜事加工成行動

　　已經在前一天的練習裡收集在收件匣的雜事，還需要「加工」。

　　把雜事加工成為行動，具體來說是什麼意思呢？我認為可以分成兩個部分來理解。

1. 想像完成事情後的預期結果：

　　如果雜事比較複雜，不是一個動作可以完成，那麼我們就要先對完成的結果有個概念（還記得第一個習慣裡教大家的自然計畫法嗎？），這樣才知道要往哪裡走，就像要先知道終點站，才能買車票呀！。

2. 思考我們需要的行動提示：

　　接著要瞭解我們的現況（知道出發站），思考如果要前往預期結果（目的地），中間需要推動哪些行動（是搭統聯去？還是搭高鐵去？）。

　　這就是把雜事加工成行動的基本思考模型，當然，下面我要教

大家更具體有效的作法。

——————「加工」的「文法公式」——————

什麼是文法公式呢？其實所謂的行動任務，就是我們「描述一件雜事」的方法，如果我們很表面的描述一件事情，那這件事情怎麼樣都無法被推動，但是如果可以用行動的概念去描述一件事情，這件雜事就變成行動，所以是一種用文法造句的概念。

我們在第三天的課程中，曾經簡介了如何把雜事加工成行動的文法公式。把一件雜事「輪胎」，加工成「打電話給 Kris 問輪胎店電話號碼」，並寫在每日行動計劃中。

那時候我們只是簡單帶過，現在要把這個文法公式仔細敘述，只要學會這個「文法公式」，就能用批次處理的方式，把收件匣系統中的雜事全部轉化為行動。 雜事加工成行動的文法公式就是：

主詞＋動詞＋受詞＋受詞

主詞：

主詞如果是我，那就是自己執行，如果是別人，那就是授權給人執行。如果行動敘述是「打電話給 Kris 問輪胎店電話號碼」，那麼其實是可以授權他人的行動。

動詞：

在你的任務描述裡加入「動詞」，也就代表你要做什麼動作，時間管理有五種動作最常使用，一一介紹如下。

使用電話：不論是打電話或使用 App 溝通，都可以用打電話作為動詞。

當面溝通：人與人溝通，用 Line、講電話效果都比不上當面溝通，因此如果是重要的事情，建議儘量要用當面聊的方式。

外出：有些事情，需要離開家或辦公室才能處理，就可以用這個動詞加工，列成清單，外出時一併處理。

電腦：有些需要大量打字或者特殊軟體的事情，就用這個動詞來加工。

思考規劃：有些事情需要進一步的規劃，可以用此動詞加工，例如思考並列出今日青蛙。

第一個受詞：關鍵人物

就是幫助雜事往預定結果推進的關鍵人，也是我們採用動詞的接收對象。例如打電話給奶奶、和老闆當面溝通、寄電子郵件給同學等。

第二個受詞：往結果推進所需要的東西

行動的目的大多是為了取得關鍵訊息。例如打電話給奶奶問候健康檢查的結果、和老闆當面溝通到美國出差的行程、寄給同學聚

餐的相片、思考規劃下週要交的企劃案等。

上述的「雜事加工文法」，讓我們有一個加工雜事的 SOP（標準作業流程），這樣才能批次處理雜事，加工各種行動提示。

不僅如此，使用動詞庫來加工雜事，就能把相同動詞的行動提示「束」在一起，成為行動清單，更有助於批次處理（例如列出外出清單，就可以一次出門，同時辦很多事情），這樣的益處當然是效率大幅提昇。

────實際演練：批次把雜事加工成行動────

學習了雜事加工成行動的文法公式後，我們一定要做一些練習，可以先舉一些生活工作中常見的雜事，接著設想預期結果，然後用「文法公式」把雜事寫成可以達到結果的具體行動。

雜事	成果	行動提示
報稅	完成年度報稅	找出自然人憑證
日本旅遊	全家到日本搭新幹線	上網查詢有沒有新幹線的主題旅行團
爆胎	機車輪胎補好	打電話給林老闆取車補胎
5KM 路跑	順利跑完路跑	打電話給 L 君討論練習注意事項
清華演講	完成下個月清華大學演講	寄課綱及注意事項給演講主辦人
護照過期	順利到香港和客戶公司簽合約	到相片館拍證件照

| 新產品開發 | 完成新的的企業合作企劃書 | 在團隊會議討論，寫一份合作備忘錄 |
| 下週研習會 | 完成 XXth 研習會活動 | 訂飛往北京機票 |

鍛鍊打造雜事到行動的高速鐵路

當我們練習把腦中雜事加工成下一步行動，並且寫成行動提示的文字敘述，就是在練習鍛鍊腦中的時間管理肌肉，這塊肌肉鍛鍊越來越久，就會越來越強壯，甚至會常常在「清空收件匣」的「加工」這個流程進行時，蹦出有創意的點子。

我覺得把清空收件匣中「加工」這個流程做好，長期的練習，能夠讓人時間管理能力逐步提升。但是要如何來提升「加工」的能力呢？有以下四個方法。

加工雜事的文法公式：收件匣系統中大多數的雜事，都可以運用這個公式，迅速地加工成行動提示，放到行動清單中。

建立工作中樞：時間管理高手會建立一個工作中樞，連接收件匣系統和行動提示系統，工作中樞變成我所謂的「高速鐵路」，這樣就算再多的雜事進入收件匣系統都能快速統一處理。（第十五天練習會繼續探討）

捅人利器：雜事加工成行動的過程中會發現有四種處理方式：馬上丟棄、立刻行動、授權他人、放入行動提示系統，我統稱為「捅人利器」，善用之，可以大幅減少雜事。（第十六天練習會繼續探

討）

　　每週檢視：每一週一次檢視這條「高速鐵路」上的每個收件匣，確保高速鐵路暢通無阻，提供高品質的服務。（第三個習慣會繼續探討）

·第十四天的練習·

你可以練習的步驟：
□製作一張像是下方的表格，練習看看把日常的雜事，加工成行動的
過程，記得使用我們前面教大家的文法公式來練習。

雜事	成果	行動提示

永錫的實作心得：
練習上面這樣的批次處理，就像是「砂中淘金」，因為我們謹慎思考
要考慮哪些雜事，用高效率的收件匣系統收集，並且運用公式來批次
處理雜事成為行動，工作及思考的壓力降低，更容易產生高品質的創
意想法，這個概念我稱為「砂中淘金」。

填寫時間管理帝王表（上）
發現從雜事到行動的缺口

你是不是擁有太多低效率收件匣與行動系統？

　　我們的時間管理練習走到了第十五天，剛好一半，也剛好是一個中心樞紐的階段，所以搭配之前練習累積的經驗，我們現在可以進入本書的核心之一：「填寫時間管理帝王表」，只要填好這張帝王表，你就可以找到自己的低效率問題點，並重新架構出高效率中樞。

　　接下來讓我們用 H 君填寫這張帝王表的案例，來說明如何練習。H 君是好朋友的太太，十幾年交情了，和我們家熟得很。三年多前，H 君趁著孩子大了，出來二次創業，沒想到生意不錯，從一家小小的童裝店，變成兩家，請了幾名小幫手，越來越忙，也常常需要出差，一方面出國買貨，一方面也做品牌代理，需要拜訪經銷商。

　　這天她特別約了時間來拜訪，說是自己時間管理不好，要好好

學習。好友來訪，我也安排了兩個小時，準備好好聽她說自己的問題。

　　一進門，寒暄幾句，她看著我在工作的書桌，切入要點。「老師，我也學你開始使用蘋果電腦了耶，家裡和店裡都是。」H 君先說她的改變。

　　「你的手機也是吧？」我問了一下。

　　「對呀，我有 iPhone 和 iPad，常常把相片傳送到電腦，這樣小幫手也好處理相片。」接著她也提到目前她所使用時間管理的工具。

　　「好棒，這就是清空收件匣。」「相片在手機上，是資料處理中的 Input，處理的效率較低，清空收件匣就是把相片傳到電腦裡，這樣小幫手才能幫你快速做出美美的相片。」我接著她的話一面說。H 君的店裡，有一美工很強的同仁，幫助她把相片，加工成漂亮的銷售網頁。

　　「而你的行事曆、任務清單、待辦事項、公司的粉絲專頁、部落格文章這是 Ouput。你從各種地方的 Input，經過加工，成為 Output，這個動作越是流暢，你的時間管理能力就越高。」我一口氣說完，然後開始準備幫 H 君重整她的清空收件匣流程。

第一步：檢查自己的收件匣系統
（Input 的處理）

　　我拿出一張「時間管理帝王表」，請 H 君開始填寫表格左上方收件匣部分，這個部分就是「Input」，代表還沒加工成行動的雜事儲存在什麼地方，也就是我們前面提到的即時通訊、電子郵件、筆記的儲存處。

這張表單是我們全書的一個核心，承上啟下，如果你可以填好這張表單，就可以徹底檢視自己的時間管理系統，並完成本書最重要的時間管理改造，下面我會一一說明如何填寫，第二個習慣最後，我們也會提供空白表單讓你可以練習。

　　我一面解釋即時通訊工具、郵件系統、雜事筆記本的意思，H 君一面寫下她所使用的收件匣工具，下面就是她的填寫內容。

即時收件匣（L，Line 等即時通）：

　　H 君使用了 Line、Facebook（因為經營粉絲專頁，會產生採

購行為）、微信（服務大陸客戶）、Kakao Talk（韓國出差使用）。

郵件收件匣（I，inbox）：

H 君使用的是 Gmail 系統。

筆記收件匣（N，Note）：

H 君得意地秀了她的兩本筆記本，有高級的 M 牌筆記本記錄每日每週大事情，還有一本紫色筆記本，記錄開店的各種計劃。

其他收件匣（E，Extra）

我提醒 H 君，她手機裡拍攝的大量服裝，裝飾，也算一種雜事，她想了想，在其他收件匣欄位寫上「手機中的相片」。

「沒想到我要管理這麼多收件匣，我手機和筆記本真的要好好整理了。」寫完之後，H 君驚呼。

「這還算少呢！」我微微一笑

Signal & Noise（訊息和噪音），是時間管理一個重要的概念，我們需要訊息，來幫助推動任務，但是訊息裡面若夾雜著太多噪音，這樣決定下一步行動的時間就很慢。

比較好的方式就是進行「資訊壓縮」，去除噪音，只留下主要訊息，並加工成下一步行動，這樣資訊就壓縮了。這些訊息傳遞給團隊其他人，並依照行動提示執行，效率才能提昇。

我們要傳遞行動，而不是傳遞夾雜一大堆噪音的雜事，這就是

「清空收件匣」的目的。

第二步：檢查自己的行動提示系統
（Output 的處理）

接著，我請 H 君繼續填寫表格左下方行動提示系統的部份，這部分放的就是不同類型的行動提示，算是 Output。雜事加工成行動之後，會存放的地方。

行動提示系統包含了 S.T.A.R 四個分類（這部分我們在第三個習慣有更詳細的解說），H 君開始思考並填寫。

行事曆（S, Schdule）：

H 君指了指她的 M 牌筆記本，這是她今年的行事曆，記載每日、每週、各月的行程。

任務管理（T,Task）：

H 君拿出了很厚的紫色筆記本，說明這是她從創業以來，記錄公司大小的計劃。「我的家裡還有一本綠色的，一樣厚。」H 君不忘記提醒我

行動清單（A, Action）：

用的還是剛才的 M 牌筆記本，記錄今天或近幾天的大小事情。

參考資料庫（R, Reference）：

H 君打開電腦，說明 Facebook 粉絲專頁、網購網站、部落格、進銷存軟體等的資料庫。

我瀏覽 H 君的行動提示系統（Output），裡面夾雜著筆記本裡面的各種記錄，電腦的數位資料庫，心中暗想：「難怪沒有效率，從紙本到數位，這需要大量謄寫的工作，每天抄抄寫寫，和同仁溝通，就要花上不少時間。」

一開始，人們憑著大腦記憶來作事情，面對面口語溝通；慢慢地事情多了，開始用筆記本來記錄整理，用電話或 Line 討論；但是像 H 君的例子，需要移動辦公（出差或出國）、帶領不同分店的員工，紙筆的資料傳遞緩慢，交辦給同仁的事情常常會有遺漏，就需要花更多時間開會，電話溝通，增加許多不必要的時間浪費。

第三步：發現自己的時間管理難題

「好，我對你清空收件匣的工具及方式，已經有大致的了解。」我看著 H 君填寫的表格，一面和她說明：「接下來，我請問的是，你從這張表來看，覺得自己時間管理最大的問題是什麼？」

看著前面 H 君填寫的這張表，突然間，有一件事情發生了⋯。

「我懂了，我懂了，我發現我時間管理的問題所在了。」H 君

突然拍了一下巴掌，我被她嚇了一跳。

「以前我買了很多漂亮的筆記本，手機也下載不同的 App，不同的資料放在不同的地方，要找的時候，就麻煩了，花費了大量時間，還以為自己工作很認真，其實只是作了一大堆緊急不重要的事情，效率非常低。」H 君一面想，一面講。

「好棒，自己發現問題了。」H 君真的好聰明。

「現在，我知道清空收件匣的概念，只要建立好收件匣系統，並全部轉成行動提示系統。」H 君眼睛發亮，話也越說越快：「把客戶的請求，加工成一個又一個的行動，變成行動提示清單。店裡的幫手，就可以一一去推行，我就不用這麼辛苦了。」

「沒錯，收件匣系統是 Input（也就是表格上半部），行動提示系統是 Output（也就是表格下半部），若是能「打通」兩個系統，並搭配合適的工具，這樣時間管理的效率就能大增。」我說。

「永錫老師，我要把這個能力練起來，這對公司幫助太大了」H 君眼神發亮的說著。

「不用急，我們已經從這份時間管理表單中找出了自己的大問題，接著就要討論『打通』收件匣系統及行動提示系統的關鍵，我們先休息一下子。」說的時候，我一面拿起桌上的茶葉，喝了一口，下一天的練習，我們還有很多事情要做呢！

·第十五天的練習·

你可以練習的步驟：

☐ 在這一天的練習，我們以「檢查自己的系統，發現系統的問題」為優先，請大家先翻到第二個習慣最後一頁，那裏有大張空白表格，可以跟著一起填寫這份表單的左半部，就以你目前真實的使用情況，在上半部填寫你的 Input 收件匣系統，在下半部填寫你的 Output 行動提示系統的真實使用工具。

然後，我們準備進入第十六天的練習。

時間管理帝王表
Vista 帝王

L I N E				
	即時收件匣	Line fb messenger		Quip Gmail FB messenger
	郵件收件匣	Gmail		
	筆記收件匣	Quip 紙本筆記本		
	其他收件匣	相片 錄音檔案		
	捅　人　利　器			純文字檔案
S T A R	行事曆	Google 日曆		Quip
	任務管理	Omnifocus Trello		
	行動清單	Omnifocus		
	參考資料庫	相片 Quip Ulysses		

宣傳訊息：

填寫時間管理帝王表（下）
用捅人利器運轉工作中樞

清空收件匣，打通你的工作高速鐵路

「永錫老師，我還有一個問題。」H君看著她剛剛填寫完的時間管理系統分析，一臉疑惑。

「歡迎提問。」學生要開口了，老師當然要準備好。

「自從店裡買了蘋果電腦之後，員工和我的手機、平板的資料，就可以往上丟，這樣各分店同仁和合作夥伴共享資料很方便，也清空了手機、平板的收件匣。」她停下來，想了一想，因為這個想法似乎還不大成熟，接著繼續說：「這樣說吧！這張分析表裡面，那麼多工具，是不是需要有一個像是蘋果電腦的工作中樞，這樣子大家才能效率更高呢？」

「你覺得有工作中樞，會有什麼好處呢？」我希望H君想更清楚一點

「有一個核心工具，這樣Input的訊息像是公司郵件、

Facebook 粉絲專頁留言和 Line 上面的訊息，都可以記錄上去，收件匣清空，大家也同時看到客戶的需要，我們也能提供更好的服務。」H 君一副恍然大悟的感覺。

「依照這個思路，那你覺得目前你卡在哪裡呢？」我繼續提出問題。

「我現在使用的 M 牌筆記本雖然能讓我釐清思緒，但是加工完成的行動提示，只有自己知道，這樣子整個公司的進度推動，就卡在我的身上了。」H 君越來越有把握了，這次回答得很快。

不改變，對手就會超越你！

「那可以如何做呢？」快要接近答案了，我拋出最後一個問題。

「我需要改變，要找到一個方法及工具，能夠把我想要採取的行動，快速讓同仁知道，甚至我的儲備幹部自己也能決定下一步行動，我們需要一個共享的行動提示資料庫！這就是剛剛老師說的「Output」。對！永錫老師，你幫我介紹一個工具吧！」H 君站了起來，眼睛發亮，瞪著我看，逼我出招了。

想打通收件匣（Input）和行動提示（Output）這兩個系統，就需要一個「工作中樞」。讓不同收件匣加工後的行動，集中到工作中樞（收件匣就清空了），接著把行動提示放到行事曆、任務管理、行動清單、參考資料庫等不同地方，這樣自己或團隊成員就可以迅速取得資料，提高效率。

「永錫老師，我決定要改變，要好好學好新工具，因為不改變，我的對手就會超越我！」H 君彷彿下定決心，一字字認真地說。

如何從 STAR 選擇你的時間中樞？

「好的，選擇工作中樞，我們必須做更多的考量。」我說。

因為時間管理的工具非常多，我們先大致分為四類，分別是行事曆、任務管理、行動清單、資料庫，也就是 STAR 系統，我們前面已經有說明說其大概的概念。

「思考你工作情景，你覺得在這類工具中，加強哪一種工具的管控能力，會對公司有最大幫助？」我和 H 君說

「以長久而言，我需要任務管理（T）的能力，但是其實我在時間管理領域只是個小白，我會先選擇加強行事曆（S）和行動清單（A）的能力。」H 君細心看著表格，做出決定。

「很棒，接著我們就可以開始選擇工具了。」我滿意的說。

終於要選出 H 君的工作中樞了，我建議的工具有兩個

針對 S 高速鐵路：採用 Google 日曆，這樣無論她在家工作或外出出差，都能讓團隊迅速了解行程。

針對 A 高速鐵路：我建議用 Google Keep，一方面可以列出各種行動清單，甚至拍照上傳，二方面可以和 Google 日曆整合，最後也能做到團隊協作分享清單功能。

如何運轉時間管理中樞？捅人利器

「永錫老師，我還有問題。」H 君看著記得慢慢的筆記，開始提問：「有了工具還不夠，你還要教我運用工作中樞的心法，這樣我才能把工具熟練，發揮應有的效能呀。」

「好的，我來教你批次處理雜事的四個基本招式，我稱呼他『捅人利器』，這可以幫助你批次把雜事加工成行動。」我回答。

捅人利器四個招式分別是：**馬上丟棄（器）**、**立刻行動（立）**、**授權他人（人）**、**放入系統（捅）**，反過來念就是「捅人利器」，這四個招式也就是運轉工作中樞的一把「寶劍」，可以幫我們迅速斬斷雜事，完成清空收件匣。

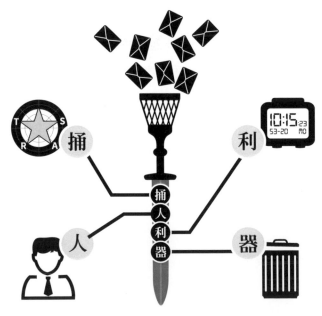

第一招：馬上丟棄

清空收件匣的過程中，發現不必要的訊息，就馬上捨棄。例如電子郵件的信件可以封存起來，Faceoobk 及 Line 的大多數訊息都不用回應，會議記錄看過後若不需要採取行動就放入備查的資料夾。

如果是寫筆記，有的加工成行動提示，有的是放入資料庫，剩下的就馬上丟棄。

每天收的郵件，裡面有許多無效訊息，要學會設立過濾器規則來把信件自動放到不同資料夾，一方面就是要懂得「封存」，這樣就可以把信件減少五成了。

手機上的 Line、Facebook 訊息，更是只有極少數才有保存的價值或應該列成行動提示，其他就「已讀不回」吧。

「馬上丟棄」就是對於不必要的資料，做好「斷捨離」，節省大量時間。

第二招：立刻行動

清空收件匣的時候，有些事情只要一兩分鐘甚至更短的時間就能處理完成，如果當下有足夠時間，就應該「Just do it」立刻行動，不需要放到工作中樞。

舉例來說，早上我起床的早，就有時間可以利用時間對收件匣中的事情進行檢視，這是採用「立刻行動」的好時機。

例如可以兩分鐘就回信完成的郵件，立刻按下「回覆」鍵，寫

幾段話回去。在 Line 看到需要回覆的訊息，若是只要一個短句、一段錄音、一個表情符號就可立刻回覆的，就立即行動，不要變成任務。

「立刻行動」也可以在清空收件匣的過程中，節省許多時間。

第三招：授權他人

在清空收件匣的當下，若是有個良好的團隊可以授權，就可以列出一張清單「授權他人」或召開會議分配事情，讓團隊的力量發揮。

我們即將進入一個任務越來越多的時代，有更多的事情需要協同作業，不論企業內部或或外部溝通，授權他人的頻率會越來越頻繁。每一個人都要具備更好更細膩的授權管理能力，才能面對未來的工作型式。

第四招：放入系統

事情若是無法馬上丟棄、立刻行動、授權他人，那就是放入系統，先放入工作中樞（以 H 君為例是 Google 日曆及 Keep），若有必要，再細分放入行事曆、任務管理、行動清單或參考資料庫的 STAR 系統。

例如收到一封郵件，要求填寫一份複雜的表格（大概要填寫二十分鐘），但一週後才需要回覆。那就在工作中樞增列一條行動提示：「填寫 XX 表格」，設定提醒週五下班前填寫。

一般而言，超過兩分鐘才回得完的信件，我們都應該暫緩回信，放入行提示動清單中，等待合適時間回覆。優先清空電子郵箱的收件匣，再開始回信，生產力更高。

如果是 Line 中有一個月後的活動內容，包含大量活動細節，那就轉貼這則 Line 資料到你的工作中樞裡，設定截止日期提醒自己閱讀。

我把批次處理雜事四個基本招式的次序倒過來，就變成

捅：放入系「統」

人：授權他「人」

利：「立」刻行動

器：馬上丟「棄」

為了幫助大家記憶，這四個基本招式轉換成「捅人利器」的口訣，大家在清空收件匣的同時，默念「捅人利器」，就可以思考這一件雜事要用哪個招式來處理。

·第十六天的練習·

你可以練習的步驟：

□ 1. 幫你的收件匣選擇數位工作中樞。

□ 2. 練習用「捅人利器」法則清空收件匣。

□ 3. 把加工後的行動放入工作中樞。

□ 4. 把你選定的數位工作中樞，填入時間管理帝王表的右方（可以選一到兩個，端看對你來說最重要的管理路徑為何）。

□ 5. 以後依據這份時間管理帝王表，時時反省自己打通收件匣與行動系統的過程，優化自己的工作中樞。

永錫的實作心得：

「你現在選定了工作中樞，再回來看看你的收件匣系統，告訴我哪幾個收件匣相對來說最重要。」我問 H 君。

「Gmail 的客戶訂單、Facebook 粉絲專頁的留言、以及 Line 裡面和客戶的互動」她快速地回答。

「所以回去後的練習，就是你自己要熟練如何把 Gmail、Facebook 及 Line 的訊息，用『捅人利器』批次處理加工到 Google 日曆及 Keep，練習清空收件匣。」我慢慢地說。

H 君找到了最主要的清空收件匣路徑，選出工作中樞，並學到批次處理雜事的法則，假以時日，就能「打通」收件匣系統與行動提示系統。

而我們第三個習慣中，也會討論每週檢視及 STAR 實踐方法，讓個人及企業都能長期運作好這個時間管理系統。

清空即時通收件匣
讓即時訊息不再只是打擾

現代工作者必學的工作效率關鍵

在檢查了自己的收件匣系統，從時間管理帝王表裡挑選了自己的工作中樞，並認識了「捅人利器」的方法後，接下來，就讓我們實際運用這個流程，來練習一一清空工作上的三大收件匣：即時通、電子郵件、筆記，先從即時通開始。

我們就以台灣最多朋友使用的 LINE 來舉例，其他即時通工具也都可以舉一反三。

現在 LINE 成了團隊協作的利器，但也同時產生的總總的問題，因為 LINE 是一種現代社會重要的收件匣，但也需要加工成行動，讓我們一個一個流程來介紹。

收集與加工即時訊息

現代人每天一打開眼睛，常常就是打開 LINE，看著裡面朋友在群裡、朋友圈、或一對一發來的訊息。一下子時間就過去了，雖然方便，但是手上的任務就真的向前推進了嗎？

所以，當我們看完 LINE 後，就應該把這些雜事加工成行動，這樣子才能確實的採取行動，往任務結果前進。

LINE 難以管理的原因是大部分的訊息都「已讀但不需回覆」，但卻又不能真正刪除，因此這個收件匣裡有一大堆重要但也有更大一堆不重要的訊息，全部混雜在一起，當然相當不好管理。

比較好的方法是一進入 LINE，一定要掃完置頂的聊天室及一對一私信內容，看完最近更新的所有近況，並把需要做下一步行動的雜事加工成行動，放到 LINE 之外的地方。

把即時通裡的行動移出，放到你的工作中樞裡。

我們還是先舉一些範例，看看每天進來收件匣的 LINE 訊息，要如何加工成行動。

例如我的客戶傳了一則即時通給我：「下次在"創業大街研習會"要討論我們營銷的主要方向。」

這時候我會把他加工為行動（還記得我們的文法公式嗎？）「下次開會時間：10 月 9 日 @10：00，我要思考好行銷方式，和 XXX 討論活動規劃。」

當然，真正在處理 LINE 時，我們不會把加工的行動寫出來變成回覆，但是在腦海裡，必須做這樣的動作。

並且更重要的是，真正有行動產生後，就要放入我們的工作中樞。

組織並移出即時訊息

另外我們在瀏覽 LINE 訊息時，要時時記得「捅人利器」的原則，這樣才能快速排除或處理雜事，當下就完成大部分雜事，然後真正重要的行動才放入工作中樞。

器（丟棄）：

哪些 LINE 可以立刻刪除丟棄（LINE 中通常是 "已讀不回"）？由於數量太多，我們就不舉例。

利（立刻行動）：

如果這個行動兩分鐘內可以處理完畢，就立刻行動，例如在 LINE 群中留言等。

人（授權）：

就是授權他人，這個 LINE 訊息若要連結他人，並由他們負責，就開一個小群，介紹彼此認識，或是轉發訊息給要處理的人。

捅（放入系統）：

如果是更複雜的工作，就要放入我們的 STAR 工作中樞系統。

S：行事曆，把這件 LINE 事情放到行事曆，或者確認行事曆的原本約會有沒有和新約會衝突，獲時間到了採取某個行動。

T：任務清單，這個 LINE 行動應該歸入某一個任務之下，並把這件事情加到該任務的清單之下，例如可能是某一個專案底下累積的一個新的小任務。

A：行動清單，這個行動還不屬於任何任務（或還沒有成案）的單獨行動，就放到行動清單中。

R：參考資料，如果這則訊息以後有參考價值，就放入自己的參考資料庫中。

經過「收集、加工、組織」三個步驟後，所有的 LINE 內容全部處理完畢，收件匣清空。

要不就「人」、「利」、「器」馬上處理，不然就放入「STAR 系統」中，這時才可以離開 LINE，完成清空收件匣動作。

管好即時通，減少大量時間浪費

在筆記、郵件、即時通三個收件匣中，像 LINE 這樣的即時通是最難管理好的收件匣，因為訊息量大，而且不斷更新。

或者說，這類收件匣如果不管理，遺患無窮。

在思考 LINE 收件匣如何清空的過程中，我發現，退出不必要

的 LINE 聊天室，或是把某些聊天室關閉提醒，都是管理好這類即時通的關鍵。

　　時間管理的高手，可以把 LINE 打照成優異的任務推動工具，進行會議約定、檔案傳送、團隊激勵、人脈連結等用途，把花在 LINE 上的時間，轉換成生產力，這樣才是善用工具。

·第十七天的練習·

你可以練習的步驟：

練習思考下面幾個問題，看看捅人利器如何幫你解決：

□ 1. 在 LINE 中被交辦的任務要怎麼記得去做？怎麼收集成一張待辦清單？

□ 2. 在不同對話段落中被分散的同一個任務的重要資料，怎麼統整合併成一則任務訊息？

□ 3. 重要但零散的圖片、檔案、對話內容，如何統一儲存，方便回查追蹤？

□ 4. 正在專心自己的工作時，如何先暫存彈出來的 LINE 任務訊息，稍後處理？

永錫的實作心得：

用即時通傳遞訊息很不準確，而且打亂時間節奏。但是用 LINE 討論工作這件事情還是慢慢成為大多數人的習慣，包括我自己合作過的不同工作團隊都在用。

我也承認「即時」、「便利」確實是團隊溝通想要的效率，即時通就是比郵件便捷，而且適合行動工作。若非如此，新興的團隊即時溝通平台「slack」也不會在國外紅透半邊天。

所以我們要學會方法，讓 LINE 訊息有系統的處理，把上司、同事、客戶交代的零散訊息整理成「下一步行動」！

清空郵件收件匣
讓信箱成為任務轉運站

從此你不再害怕打開電子信箱！

前幾天，在 Facebook 公布一張清空收件匣（inbox zero）的相片，其實就是手機上的 Gmail app，「裡面一封信都沒有」的截圖。

網友曹先生在 Facebook 上留言問我：「請問如何做到的？」

我簡單地回復：「要做的事列個清單，要授權的轉寄他人，把要回的信立刻回，其他的信封存就好了。」看到這裡，相信讀者都知道，這就是「捅人利器」。

「列個清單」的意思，就是把事情放到時間管理系「統」當中；「要授權的轉寄他人」，就是請他「人」負責做好這件事情；「要回的信立刻回」，就是「立」刻行動；「其他的信封存就好」，就是把這封信丟「棄」。合起來，就是「捅人利器」的意思。

今天的練習，就是要實作清空郵件收件匣，我們一樣用收集、加工、組織三個角度，來看看如何清空電子郵件中的所有信件。

收集郵件

每天一早，打開自己的 Gmail 郵箱，今天收件匣中躺著好幾封要處理的信，我舉其中一些信件主旨如下。（我們在處理信件時，不用瀏覽主旨，直接照著第二步加工及第三步組織即可。）

「歡迎註冊挖財，恭喜您成財主」

「RE: 中華大學教發中心敬邀蒞校演講 (TA 工作坊)/ 演講時間規劃 105 年 3-5 月份」

「有關時間管理課程幾件事（備註：泉能公司來信約討論上課內容時間）」

「from 永錫 台北場研習會 報名簡章（備註：系統通知某人已經報名研習會）」

「預祝 張永錫 講師中秋佳節愉快！（備註：廣告信）」

「from 永錫 創見的高容量 SD 記憶卡（備註：友人給我擴充 SD 卡型號）」

「華盟第六屆 2015 年 10 月月例會說明（備註：十月份講師聯盟活動流程）」

「邀請 您至國家奈米元件實驗室演講通知並回覆上課日期 (詳內文) 確認資料」

「From 十三姨 已經完成 Landing Page」

「【世新大學學務處生涯發展組】敬邀老師至本校演講，謝謝。」

「百度工程師是如何管理時間的？」

而我們的目標是全部清空收件匣，所以立刻進入下個流程：加工，把信件主旨加工成可以行動的狀況。

加工郵件行動

電子郵件的主旨是可以改變的，每封郵件寄來的時候基本上都是雜事，我們要將之加工成可以採取行動的動作。

「歡迎註冊挖財，恭喜您成財主」加工為「進入挖財網登錄並簡單瀏覽內容」

「 RE: 中華大學教發中心敬邀蒞校演講 (TA 工作坊)/ 演講時間規劃 105 年 3-5 月份」加工為「打電話溝通中華大學演講日期」

「有關時間管理課程幾件事」加工為「回覆電子郵件和泉能公司光軒確認討論時間」

「 from 永錫 台北場研習會 報名簡章」加工為「感謝 Philo 報名」

「預祝 張永錫 講師中秋佳節愉快！」加工為「將這封信歸檔到廣告信分類」

「 from 永錫 創見的高容量 SD 記憶卡」加工為「詢問 蘋果 Shane 討論下一步行動」

「華盟第六屆 2015 年 10 月月例會說明」加工為「歸檔到十月份講師聯盟活動專案中」

「邀請 您至國家奈米元件實驗室演講通知並回覆上課日期 (詳內文) 」加工為「 和奈米實驗室演講承辦人確認上課日期」

「From 十三姨 已經完成 Landing Page」加工為「請侑龍協助修正 Landing Page」

「【世新大學學務處生涯發展組】敬邀老師至本校演講，謝謝。」加工為「確認行事曆中的世新大學演講日期」

「百度工程師是如何管理時間的？」加工為「閱讀後放入 Evernote 中歸檔」

當然，真正在處理郵件時，我們不會把所有信件主旨加工，這裡是代表「我們心裡進行的加工行為」。

看到這封信，我們想採取的行動，但是如果這封信想要放進「STAR」資料庫（行事曆、任務清單、行動清單、資料庫），確實可以改寫電子郵件信件主旨，之後再放入「STAR」中。

接下來，我們就要開始「捅人利器」＋「STAR」把每封郵件都作適當的處理。

組織郵件進入時間管理系統

組織時，我們看到一封封的電子郵件，每次只能處理一封，處理的方式就是從「人」、「利」、「器」及「S」、「T」、「A」、「R」七個選項選擇一個處理方法，迅速將信件分類，之前的信件，我們可以分類如下。

「器」：這些信件可以立刻刪除丟棄（通常是封存）

「將這封信歸檔到廣告信分類」

「不用回信，封存這封信」

「利」：如果這封信兩分鐘內可以處理完畢（回信或做個簡單的行動），那就馬上行動。

「進入挖財網登錄並簡單瀏覽內容」

「回覆電子郵件和泉能公司光軒確認討論時間」

「感謝 Philo 報名」

「回覆米元件實驗室信件中詢問事項」

「人」：這封信件若要授權他人，就立刻轉寄給別人，請其負責處理。

「請侑龍協助修正 Landing Page」

「S」：行事曆，把這件事情放到行事曆，或者確認行事曆的原本約會有沒有和新約會衝突。

「確認行事曆中的世新大學演講日期」

「T」：任務清單，這個行動應該列入某一個任務之下，加到該任務的清單之。

「歸檔到十月份講師聯盟活動 專案中」

「A」：行動清單，這個行動還不屬於任何任務的單獨行動，就放到行動清單中。

「詢問 蘋果 Shane 討論下一步行動」

「和實驗室演講承辦人確認上課日期」

「打電話溝通中華大學演講日期」

「R」：參考資料

「閱讀"百度工程師是如何管理時間的？"一文後放入 Evernote 中歸檔」

這樣的步驟後，我們收到這大量信件，就全部處理完畢，要不就「人」、「利」、「器」馬上處理，不然就放入「STAR」的資料庫中，收件匣裡面乾乾淨淨，心情也會跟著輕鬆起來。

結語

電子郵件是兩面刃，一方面，他是一種正式，便捷的溝通方式，另外一方面，處理不好電子郵件，也會形成很大的壓力。

善用「捅人利器」的時間管理高手，把信件分門別類放到「STAR」之中，就可以迅速整理好自己的信件，清空收件匣。有需要的時候，也可以迅速找到資料，採取行動。

是不是每天都需要清空電子郵件收件匣，見仁見智，但是我自己至少每幾天就會徹底清空一次，這樣就不會擔心事情遺漏了！

· 第十八天的練習 ·

你可以練習的步驟：
□ 1. 建立一個「舊郵件」資料夾先把所有郵件放入。
□ 2. 每天新郵件開始用「捅人利器」原則處理。
□ 3. 讓收件匣保持清空。
□ 4. 下一步行動不要放在收件匣，要放在你的工作中樞或 STAR 系統。

永錫的實作心得：
第一次要處理清空郵件時，可以在電子郵件裡面開一個資料夾，標明「Old Mails」，把所有的信件拖進去，這樣子電子郵件的收件匣就暫時清空了，接著進來的信件，就可以開始運用「捅人利器」的方式開始處理。

而曹先生，聽了我的說明後，回家就開始練習「捅人利器」，後來在 Facebook 私信傳了一段話給我：「今晚有點興奮，一口氣整理了我 email 中的近萬封郵件，一下子收件箱清空了的爽朗感是前所未有的 ....」

看起來真的很不錯呢！也祝福曹先生要持續養成「捅人利器」及把可以行動的事情放到「STAR」資料庫的好習慣，這樣時間管理的能力一定可以進步的。

清空筆記本收件匣
讓想法成為被實現的行動

不要只停留在空想，去做就對！

　　我們每天或多或少都會記錄下一些字句，而後來許多人養成了寫筆記本的習慣，其實，寫筆記也是一種收集雜事的方法。

　　David Allen 在《搞定》（Getting Things Done）一書中，介紹了許多他把記錄下來的事情（他稱為雜事）加工成下一步行動的例子。

　　「一張紙只列出一件雜事」就是書中的好方法，一開始使用的時候，會覺得這樣子記錄非常浪費，但是後來才發現，這樣子反而可以讓自己把事情管理得更加好，紙上其他的空間可以拿來記錄做事情的歷程。

　　慢慢地，我也運用數位工具當作筆記本來記錄，但是還是非常喜歡塗鴉手寫的方式，把雜事記錄、加工成行動、放入系統變成流暢的工作流程，讓我們來舉些實際的例子。

把想做的事收集到筆記

我是個愛寫筆記的人，這對時間管理而言是很重要的習慣，我心中常常有很多想法，但當下無法實現，如果能夠時常把這些雜事收集起來，這樣心裡的壓力會降低，完成行動的可能也會提高。

例如我最近一次筆記本中紀錄的雜事如下：

David 及 Phoebe Message（想跟這兩位朋友聊天）

三腳架

牛奶

罰單

Breet 中秋節

機車黑油 輪胎

Melody 烏克麗麗

游勇

滬江網想法

完成第一步「收集」雜事到筆記本後，接下來要匯總到自己時間管理系統中，並且加工成下一步行動。

將筆記本中的雜事加工

當一件雜事進了收件匣，若想要放到特定的資料庫，中間一定

有些轉換的過程，這就是加工。

　　有些事情屬於任務的一部份，加工後就放到某個任務下面的資料庫。有些事情只是單一行動，就應該放到行動清單。有些雜事算是資料庫的一小個碎片，就應該放到資料庫中。以下就是我把上面收集到的雜事加工成行動的例子。

　　「David 及 Phoebe Message」

　　加工成 「在 Facebook 中私信留言，感謝和 David 及 Phoebe 一起聚會」

　　「三腳架」

　　加工成 「找出拍照用的三腳架給老婆」

　　「牛奶」

　　加工成 「外出時買牛奶」

　　「罰單」

　　加工成 「外出時繳停車費」

　　「Breet 中秋節」

　　加工成 「告訴老婆英文老師 Brett 中秋節停課一次」

「機車黑油 輪胎」

加工成 「外出時到機車行，更換黑油，檢查輪胎胎紋」

「Melody 烏克麗麗」

加工成 「廣州要表演烏克麗麗 微信聯絡音樂老師 Melody」

「游勇」

加工成 「在微信和游勇關心，鼓勵他繼續提問」

「滬江網想法」

加工成 「整理滬江網線上課程想法放在 Evernote 中」以及

加工成 「滬江網的事情和窗口 Brenda 溝通」兩個行動

以上就是把收集到的雜事，加工成行動的過程，這些事情還需要組織起來，才能讓我們行動的時候，容易找到這些行動的提示。

用捅人利器＋ STAR 組織筆記行動

接下來，我們會運用捅人利器的原則，把這些行動的提示處理好，至於無法丟棄、無法立刻處理、無法授權他人的事情，我們就放到 STAR 四種時間管理工具中。

S 是 Schedule 代表行事曆，T 是 Task，就是任務清單，A 是

Action，就是行動清單，R 是 Reference，就是參考資料庫，相信在前面的練習中，讀者應該都已經理解。

　　我們就用實例把之前的行動提示一一放入吧！

器，有些筆記的內容一點都不重要，看過就丟棄。

　　例子：雖然這部分沒有舉例，但是在加工時，不必要的雜事就直接刪除了。

利，若清空收件匣的當下想立刻採取行動，如果耗時很很短（例如在兩分鐘之下），就馬上行動。

　　例子：

　　・在 Facebook 中私信留言，感謝和 David 及 Phoebe 一起聚會

　　・廣州要表演烏克麗麗 聯絡 Melody

　　・在微信和游勇關心，鼓勵他繼續提問

　　以上三件事情都可以立刻處理、馬上行動。

人，有的筆記想要授權他人去處理，就直接傳遞給別人，請他人處理。

　　例子：

　　・告訴老婆英文老師 Brett 中秋節停課一次

　　・找出拍照用的三腳架給老婆

　　這兩件事情都和老婆有關，可以馬上授權他人行動。

統，就是進入系統，我的系統分成了 STAR。

Schedule：某則筆記的內容，加工成了行事曆事項。

Task：任務清單，滬江網的事情和窗口 Brenda 溝通。

Action：行動清單，例如外出時買牛奶、外出時繳停車費、外出時到機車行更換黑油。

Reference：參考資料庫，例如整理滬江網線上課程想法放在 Evernote 中。

小結

這個部分討論筆記本中的雜事，如何加工成行動，最後經由捅人利器，放到 STAR 資料庫這個流程。

這也是 David Allen 書中很關鍵的加工與整理流程，我們已經分成筆記本、電子郵件、即時通三大類的雜事一一討論，大家一定要好好跟著練習。

·第十九天的練習·

你可以練習的步驟：

☐ 1. 選一個可以收納所有筆記的數位筆記工具。

☐ 2. 練習把隨時想到的想法收進筆記中。

☐ 3. 每天找一個時間，加工今天的筆記。

☐ 4. 把轉化成行動的筆記，用捅人利器快速處理。

☐ 5. 把未來的筆記行動放入 STAR 系統。

永錫的實作心得：

捅人利器是清空收件匣的關鍵步驟，大家一定要好好練習，讓我們最
後再以這張圖，幫助大家記住捅人利器的核心口訣。

清空收件匣總複習
捅人利器與無敵星星

學會時間管理，成為一個高效率的人

在多年的教導他人學習時間管理過程中，常常被問到兩個問題。

首先，
如何選擇一個工作中樞？
其次，
如何處理過多的雜事？

第二個習慣「清空收件匣」這幾篇文章中，就是我回答這兩個問題的答案。

為了幫助大家在書本知識轉化成實際能力的過程更加簡單，

我們要對這九天的內容作一個小結。請仔細複習以下內容，對照「清空收件匣」的那張「時間管理帝王表」，思考並檢討有無破綻或不足。

若有需要，可再回到前面的文章，或者閱讀內文，或者做好練習，把不懂的部分弄懂，再繼續第三個習慣。

第十一天：為什麼要清空收件匣？

介紹清空收件匣的三個流程，分別是「收集雜事」，「加工成行動」，「組織時間管理系統」。這是基本的切入，後面我們會把它延伸為捅人利器與 STAR 系統。

第十二天：收集雜事的力量

第一步，透過 R 君升任主管的案例，藉此瞭解何謂雜事？何謂收集？第二步，思考雜事的分類並轉變成高品質的雜事，進而建立收集雜事的習慣。

這裡我們幫大家設計了一個練習表，用來分析雜事的來源及思考如何變成高品質雜事。

第十三天：建立收件匣系統

從我爸爸的口袋案例，說明收件匣系統如何運作。

開始討論如何善用以下三種收件匣，手機的即時通訊、電子郵件、筆記本，組成收件匣系統，做好收集雜事這個流程。

第十四天：把雜事加工成行動

把收件匣及行動提示系統「束」在一起，就像高速鐵路，連結收件匣和行動提示這兩個高鐵車站，具體的方法有：

A. 運用「雜工加工成行動」文法公式

B. 釐清預期成果及行動提示的練習

C. 了解改善「加工」流程的四個方法

第十五天：填寫時間管理帝王表（上）

引導 H 君填寫「清空收件匣」的時間管理帝王表格，寫下收件匣系統（Input）及行動提示系統（Output），並讓她理解上述兩個獨立系統可建立個人及企業工作流程，解決時間不足及無法授權的問題。

更重要的是，透過填寫這份表單，我們可以重新檢視並發現自己時間管理的問題所在。

第十六天：填寫時間管理帝王表（下）

引導 H 君決定三件事情，首先是，個人及企業的工作中樞（Google 日曆及 Keep）；接著是找到清空收件匣的路徑（S 路徑及 A 路徑）；最後，決定最重要的收件匣（Gmail、Facebook 粉絲專頁、Line）。

這一天練習還有一個很重要的步驟，就是介紹批次處理雜事的四個基本招式「捅人利器」。

第十七、十八、十九天：練習清空即時通、郵件與筆記收件匣

清空以下三個收件匣（Line、電子郵件、筆記本）的實務操作舉例。

打通時間管理的任督二脈

小時候看武俠小說，常常有「打通任督二脈」的情節，大體說就是主角遇到武林高手，或有特殊的機緣，高深內力灌注體內，把任脈及督脈打通，功力從此大進。

我們借用武俠小說中這個概念，來說明第二個習慣清空收件匣，需要把收件匣系統和行動提示系統，兩者「打通」。

不同於武俠小說「打通任督二脈」就從此一勞永逸，時間管理系統打通後，還要透過第三個習慣「每週檢視」，持續更新系統，讓任脈及督脈（雜事及行動的兩個資料庫），持續暢通。

接下來第三個習慣的十篇文章，其實是結合第一個習慣「先吃掉青蛙」和第二個習慣「清空收件匣」，讓吃青蛙的能力更強。

三個習慣貫穿一起，日積月累的練習，兼顧短期的時間管理能力（每日吃青蛙），也管理好大大小小的任務（每日重新開機，每日每週檢視），更能處理每天不請自來的大小雜事（清空收件匣）。

有一天，你會不經意發現，能力提升到了另一個層次，不再身陷每日工作的泥沼，而是能和 R 君及 H 君一樣，重新掌控人生。

·第二十天的練習·

你可以練習的步驟：
☐ 1. 每天拿自己的收件匣練習「捅人利器」。
☐ 2. 填寫時間管理表單，找出收件匣與行動中樞。

永錫的實作心得：
練習完第二個習慣，我們可以用下圖來說明時間管理的不同面向。

當任務少而有所選擇時，自然計畫法可以幫你規劃夢想執行的方法。
當任務少而需要高效率時，吃青蛙讓你專注在最重要的事情。
當任務多而有所選擇時，捅人利器幫助我們快速篩選。
當任務多而需要高效率時，結合捅人利器和 STAR 的方法，幫我們最後
進入第三個習慣，成為時間管理的高手。

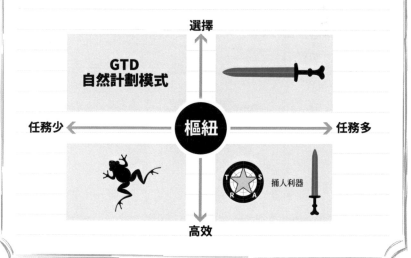

時間管理帝王表
Be your King 做時間的國王

我是 _____ 帝王

(L) 即時收件匣			
(I) 郵件收件匣			
(N) 筆記收件匣			
(E) 其他收件匣			
捅　人　利　器		🚆	練習把雜事加工成行動，打通時間管理任督二脈
(S) 行事曆			
(T) 任務管理		★	
(A) 行動清單			
(R) 參考資料庫			

下載時間管理帝王表 PDF 網址：http://j.mp/ 三個習慣附錄下載

如何填寫時間管理帝王表？

　　請大家參考第 15 天與第 16 天的練習，那裏有這張表格更詳細的解釋。「時間管理帝王表」是非常強力的時間管理系統分析工

具，可幫助我們打通從雜事收件匣到行動提示系統的這條「高速鐵路」。你可以在書上這裡直接填寫，或下載時間管理帝王表，印出成 A4 表格或下載在平板工具上填寫，團隊一起填寫對瞭解彼此工作習慣有很大助益。

1. 先填寫左方的收件匣系統及行動提示系統

可參考第十五天練習有詳細解說每一項的意義。

2. 減少收件匣，挑選工作中樞

接著讓我們開始填寫右方兩大空格，分別對應了「減少收件匣」和「找出時間管理中樞」。閱讀一下第十二天練習，用高品質雜事概念在右上方空格裡「簡化自己的收件匣」。參考第十一天的範例練習，在右下方空格選出工作中樞。

3. 打通任督二脈，把工作提速

上方的收件匣是雜事，下方的工作中樞是行動，從雜事到行動的高速鐵路如果想要提速，就需要練習建立收件匣系統（第十三天）、加工的文法公式（第十四天）及捅人利器（第十六天）。

如果還有任何時間管理帝王表的問題，也歡迎到我們的 Facebook 社團：「FAST 時間管理同好會」留言詢問，甚至可以上傳你填寫好的時間管理帝王表，會有很多熱心的學伴來協助你喔！

參與：http://j.mp/FAST 時間管理同好會

第三個習慣：
做好每日重開機

第三個早上要養成的習慣是：「做好每日 Reboot 重開機」，其實就是「做好每日檢視」，這聽起來好像很稀鬆平常？但真正做到「有效」每日檢視的人其實很少，所謂的檢視不是只有單純的自我反省而已，而是要有系統地寫晨間日記，並且建立一套讓自己可以「全面檢視」的工作流程系統。

我稱呼這套可以讓我們全面檢視效率的系統叫做「STAR 神盾」，就像美國隊長的神盾一樣，可以幫我們做好時間管理的防禦與更新，讓自己沒有疏漏，而這樣的檢視還可以擴充到每週、每月、每年的自我檢視，讓自己的時間管理系統時時保持最高效率。

第二十一天

每日 Reboot
幫你的人生系統重開機

面對不斷生成的阻力，我們需要常常檢視更新

在開始進入第三個習慣之前，請傾聽一下這些人內心的聲音：

「我的生命真的是一團糟。」

「覺得工作壓力好大，什麼事情都如此緊迫。」

「我失去所有的夢想，不敢承擔任何責任，陷入一成不變的生活。」

「每次我覺得不錯，就會摔落深谷，遍體鱗傷。」

「我想要有所改變，卻又無法做到。」

這是我問朋友，為何想學習時間管理時，他們通常說出的話，我才發現，雖然表面上大家都有穩定的工作，但是心裡底層，卻藏有很大的恐懼感，追究其原因，發現現代的工作者面臨了以下的無

形挑戰：

選擇太多，社會改變速度過快，無法慢下來

時間被大量訊息切割（社群、郵件、會議、對話、文件）

**追求工作及家庭生活平衡的標準很高，做不到時，感到很大
挫折感**

雖然事業上很成功，但是家庭親密關係受到挑戰

簡而言之，我們面對歷史上最高效率的工作時代，手上擁有有
史以來最有力量的各種工具，但是面對大量的訊息、複雜度愈來愈
大的任務，我們沒有一套確實可行的方法。

而這套方法，就是時間管理方法。

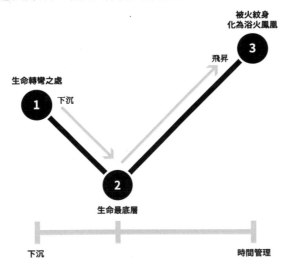

生命總有下沉之處，這時候如果保持每日重開機的習慣，那麼人生就會找到新的出路。

工作與生活系統也要重開機

在前兩個習慣中，我們已經架構了從雜事到行動的時間管理系統，也有吃青蛙的詳細步驟，與清空收件匣的具體方法，並搭配了各種工具。

但是或許你發現，在自己面對工作及生活時，為什麼還是常常覺得束手無策？

因為，要學會如何「Reboot（重開機）」工作及生活。

Reboot，中文的意思就是「重開機」，使用時間管理系統幫助我們推動任務，久而久之，系統會產生一些「阻力」，需要定期Reboot「重開機」，清空 CPU 及 RAM 內的記憶體，讓時間管理系統回復應有的速度。

首先，我們先來看看有哪些「阻力」，接著，再來看看如何進行每日及每週的 Reboot。

第一個習慣，教導我們先吃掉青蛙，但是難免每天有些青蛙、蝌蚪沒吃完，或者看似當下已經完成，過幾天卻「野火吹不盡，春風吹又生」，青蛙及蝌蚪再次浮現。這些讓系統運作不順暢的「阻力」，需要定期評估系統中的行動事項優先次序，就能解決。

第二個習慣，教導我們要把雜事收集在收件匣，並加工成行動，完成清空收件匣習慣。但是常常雜事堆積在收件匣中，沒有加工成行動。這就是所謂的「阻力」，需要有適當方法，讓自己對未來要推動的幾個重要任務能明確瞭解其下一步行動，才能提前順利

推動下週的任務。

第三個習慣是建立時間管理系統，但是整個系統裡面的行動資料都已經過期，新的行動沒能和舊行動連結起來，根本無法運轉，這也是一種「阻力」，需要定期檢視及更新任務的下一步行動，才能重新獲得前進的動力。

這都是因為雖然我們學習了很多的「知識」，卻沒有整合起來「行動」，要把整個系統運轉起來，很重要的就是要常常 Reboot。

Reboot 就是每日檢視、每週檢視

接著，簡單討論何謂每日及每週的 Reboot。

每日 Reboot（每日檢視）：

接下來我們會有更多天的練習談到每日檢視，我自己的習慣中每天早晨是我 Reboot 的時間，先瞭解自己昨天已完成的事情，接著選擇今天的三隻青蛙。

如果時間充裕，可以清空收件匣（或者時間不夠就先清空其中一種收件匣），將雜事加工成行動，放到接下來也會充分討論的 STAR 神盾工作系統中。

如果比較沒時間，我會寫日記（有人早上起來打坐，有人是跑步，都是很好的檢視模式），讓自己思緒沈澱，接著列出今天的青

蛙及蝌蚪。

　　如果真的很忙，就先想一想今天最重要的青蛙是哪一隻，接著就開始工作。

每週 Reboot（每週檢視）：

　　每週我會找一段 1 小時的時間，檢視自己上一週做的事情，並且規劃自己未來一週的計劃。

　　有時間的話，在每週重開機時我會執行每週檢視流程（後面會有更多內容介紹），接著把下週任務整理的井井有條。

　　沒時間的話，拿張紙把煩惱的事情都寫上去，再拿張新的紙寫出下週想做的事情，這樣子 30 到 60 分鐘，就可以完成。

沒有檢視的人生，不值得活
── 蘇格拉底

　　檢視是一種非常重要的時間管理習慣，因為這才能將時間管理系統「Reboot」（重開機）。

── 每日重開機，才能保持高效能 ──

　　我們需要學習「Reboot」的能力，讓整個時間管系統能夠儘量保持在最高生產力的狀況，因此接下來的幾天文章，也要把整個時

間管理系統好好介紹一遍，在放進行動或任務提示時，就考慮到執行時的效率。

第 24 天到第 28 天的練習中，我們還會提到一個 STAR 神盾，也就是星星形狀的時間管理系統。

S 行事曆：

是放置約會甚至共享行事曆的地方，可把重要的約會，某個特定日子要做的重要事情放在行事曆中。我們會介紹日、週、月視角的不同，並討論如何規劃我們的行事曆。甚至更進一步，在一週開始前，把下週的行事曆先規劃好。

T 任務清單：

任務是需要好幾個下一步行動才可以完成的目標。當有許多個任務時，就應該合起來列成一個任務清單。

以個人角度，任務清單管理個人一年內的大小任務，以及較高的高度（年目標、五年計劃、價值觀、人生目標等）。

以企業或組織角度，任務清單管理公司內部大小任務及和其他公司的合作任務。

A 行動清單：

一個行動有三個要素，首先是明確可以行動的行動敘述，其次是有明確的行動日期，最後是標示屬於哪一個任務。行動清單包含

了近期任務的下一步行動及零星的行動，必須做好每週檢視才能夠落實做好行動清單的工作。

R 任務支援資料：

任務支援資料不是行動，而是一些靜態的文件，當任務需要時，能夠隨時拿出文件，順利推進任務。

STAR 這顆星星神盾，架構了時間管理系統，讓收件匣加工後的行動，能夠放到相對應的收件匣，當我們能夠定期把這個系統和真實世界「同步」，變成「可信任的系統」（Trusted System），我們的時間管理能力，就隨著這個系統逐步攀升，這樣拾階而上的內力累積，才能突破系統中的阻力，高效推動任務。

STAR 構成的神盾系統，我們會在後面很多天的練習裡好好討論。

養成重開機習慣後的好處

接著我們來談談，如果養成 Reboot 時間管理系統的習慣，那會有怎樣的附加價值呢？

1. 小投資，大提升

每天吃青蛙及清空收件匣或許得費上一些時間，但是這卻是讓面臨繁重專案壓力時，時間管理系統得以保持能量全開的關鍵。

不僅如此，團隊中的領導者可以由個人工作效率改善，接著幫助核心團隊成員效率改善，進而做到組織流程改善，這樣的時間投資可以得到很大的收益，因此值得去做。

2. 團隊更加有向心力

這三個習慣不只可以用在個人，也很適合用在團隊。

由於青蛙及蝌蚪是由成員自己所指定，任務及目標都會比以前更加明確，內部成員溝通和對外和不同公司及組織溝通都會更加順暢。

團隊的時間節省出來，就可以相互協助，彼此的信任及默契提升，又可以進入更加深度的溝通，提升綜效。

3. 更有擔當的領導者

擁有時間管理系統能力的領導者，能夠處理大量瑣事，有多專

案管理的能力、可以多地、多團隊推動任務，擁有願景，也保持工作及生活平衡，這樣必然能夠增強領導力，並且勇於承擔更艱鉅的挑戰。

　　Reboot 時間管理系統，擁有這麼多的效益，當然值得我們用心去學習及練習，而且從個人到團隊都有幫助。

　　不要只是個人的時間管理能力提升，如果你是組織中的領導者，還可以幫你往「發揮團隊 100% 戰力」的目標前進，讓我們開始學習這 21-30 天的時間管理課程吧，一起加油，爆發自己的小宇宙吧！

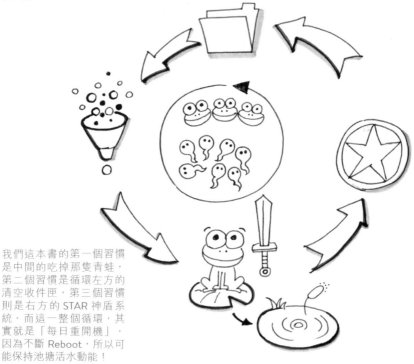

我們這本書的第一個習慣是中間的吃掉那隻青蛙，第二個習慣是循環左方的清空收件匣，第三個習慣則是右方的 STAR 神盾系統，而這一整個循環，其實就是「每日重開機」，因為不斷 Reboot，所以可能保持池塘活水動能！

·第二十一天的練習·

你可以練習的步驟：
□ 1. 寫下自己覺得工作上的阻力。
□ 2. 寫下自己覺得生活上的阻力。
□ 3. 寫下自己在 FAST 系統中常常做不到之處。
□ 4. 寫下自己在清空收件匣系統中常常做不到之處。
□ 5. 如果發現阻力已經太多，聚焦練習找出並寫下今天最重要的青蛙。
□ 6. 重複幾天這樣的練習。

永錫的實作心得：
雖然第一個習慣、第二個習慣的系統看起來可以很好的推薦時間管理
效率，但是人一定都會有惰性，工作與生活也不可能一帆風順沒有壓
力，而這時候人的情緒就會影響我們確實去執行上述系統的效能。

畢竟我們是人，不是機器，
不可能永遠高速運轉。

所以不要氣餒，練習了二十天後發現自己還是有很多阻力，那是正常
的，接下來就讓我們開始學會如何去轉化這些阻力，甚至和這些阻力
和平共處的方法。

第
二
十
二
天

晨間日記
為了檢視自己而寫

記錄一個讓你覺得真正值得擁有的人生

　　要怎麼開始每日重開機、每日檢視呢？第一步練習就讓我們從寫晨間日記開始吧！

　　我是 2006 年 1 月 6 日開始寫晨間日記的，一轉眼間，就是十年了，有人說「十年磨一劍」，真的有這樣的感覺。而這十年剛好是我 36 歲到 46 歲的階段，孩子還小，事業也正在打拼，利用晨間日記記錄下孩子與我自己成長的點滴，是很珍貴的資產。

　　一開始我是閱讀日本作家佐藤傳寫的「晨間日記的奇蹟」入門，佐藤先生使用 Microsoft Excel 寫日記，所以一開始我自己製作的晨間日記模版是 XLS 檔案格式，寫了幾年，XLS 檔案格式太肥大（超過 200MB），當時電腦開啟太慢，體驗太差，換了幾個工具後，2012 年起開始用 Evernote 來寫日記。

　　或者這裡讀者會問，那我是不是要依照「專門的晨間日記」格

式來寫呢？有興趣的朋友確實可以研究一下晨間日記的特殊寫法，但我覺得也不一定要強求照著格式，最重要的是有寫出每天檢視裡的重點即可。

我建議大家可以運用第七天練習裡學到的九宮格思考法，用九宮格的方式寫出你的每日檢視日記。

我用 Evernote 寫晨間日記

這幾年用 Evernote 寫晨間日記後，我發現有以下幾個優點

1 分享容易：

Evernote 的一頁筆記，可以放入七天或更多天的九宮格日記，並可以製作範本分享給別人，不僅自己寫的開心，也可以分享他人，讓有興趣寫日記的人一起來寫（我因此結交到很多朋友）。

2 圖文並茂：

Evernote 採取的 Rich Text（富文本）格式，讓用戶輕易插入表格、相片、字體及顏色也可以改變，整個日記圖文並茂，非常美觀。

3 快速搜尋：

打字寫日記的好處是「搜尋」，我常常搜尋日期或人名等關鍵

字，迅速找到當時那件事件的紀錄，和過去的記憶碰撞，常常給自己和他人意外之喜。

4 雲端儲存：

Evernote 有穩定、流暢的雲儲存服務，雖然要繳交一些月費，但是也不算貴，非常實用。

5 不斷更新：

Evernote 也不斷開發新的功能讓用戶使用，體驗越來越好。

「工欲善其事，必先利其器」有了好的寫日記的習慣，也要有好的工具來搭配，Evernote 是我願意推薦的一種工具。

心靈/成功日記	人際/弱連結	人際/親密關係&自我
1		
2		
3		
4		
5		
精力管理/食、動、靜	2015年 月 日(Th) Day	財務管理/月現金流
	什麼日：	
	紀念日：	
	誕生日：	
	命運日：	
	邂逅日：	
心智鍛鍊/閱讀、寫作、寫書	工作/新平台思考	寫作結果記錄

這是我的晨間日記格式，你也可以依樣畫葫蘆，製作出你喜歡的晨間日記表格。

每天如何寫晨間日記？

接下來，分一日、一週、一年的角度來看看寫日記的好處在何處吧！

每天我會打開 Evernote，開始寫晨間日記，在寂靜的凌晨，只聽著鍵盤敲擊及內心對話的兩種聲音。

寫日記對我而言，已經成為生命中的一部份，每天早上起床（大多是六點前），簡單規劃一下今天行程，就開始花時間在寫晨間日記上。

或許是記錄和家人的互動，或許是親密關係的一段紀錄，或許是陪伴孩子走過低潮的過程及感受，也可能是工作上的體悟，一段雋永的文字，或是貼上一張自己手繪的圖畫。

晨間日記默默地承載這十年來工作及生活的吉光片羽，把生命攤平成一頁頁的九宮格日記，梳理當時心情，在隔天早上，重溫當下的情緒，我覺得，這是一種幸福。

好習慣，不試試看嗎？

每週檢視我的晨間日記

每週一次（通常是週五下午），我又會打開晨間日記，把這一週來的大小事情看過一遍。

看看七天來的生命流轉，有時候發現其中有許多的體驗應該更

加深入探討，那麼我會增加一個下一步行動來讓這一件事情更加完整。或許有時候發現對某些知識的理解，還要多閱讀下書籍，才能歸納整合正確的資訊，做批判性地思考，這時候我也會寫下來需要補充哪些知識。

這就是寫日記並加以檢視的好處，有了記錄，我只要定期回顧，就可以找到可以改進的漏洞。

檢視自己，才能找出漏洞，才能即時補漏。

我每週檢視日記的習慣已經多年了，但是每一次閱讀日記，都會覺得好像面對一個不太熟悉的自己，有時發現，自己是如此認真的活每一天的生命，這些體驗是如此的真實生動；但有的時候，也會有點懊悔，為何當初沒有好好做哪些事情或是不做哪些事情。

但是無論如何，長期的日記累積起來，人生確實變得更加豐潤，更加成熟。

檢視的時間不用很長，或許是一二十分鐘，快速看過這七天經歷的一切，也會對未來的一週要做的事情有了比較具體的想法。

這讓我想到一首歌，歌名是【慈光歌】，作曲者是約翰‧戴可仕 (John B. Dykes)，其中有一句句是這樣的：「懇求慈光導引脫離黑蔭，導我前行！」

看著過往七天的日記，彷彿如同黑夜中的一盞明燈，和自己對

話後，指引一條道路，導我前行。

每年檢視我的晨間日記

每年到了年末的時候，我會花幾天的時間閱讀全年文章及日記，把過去一年做的事情做一次總回顧，依據日期全部梳理一遍。

這是從彼得 . 杜拉克（Peter Ferdinand Drucker）的著名文章：「杜拉克的 7 項體驗與自我管理」中的第四項體驗學到的方法。

在這裡杜拉克提出五個角度來檢視自己：

1. 首先提到哪些事做得不錯？

2. 指出表現未必很好，但已盡力去做的事。

3. 檢討不夠努力的事。

4. 毫不留情地批判做得很糟，或是根本沒做到的事。

5. 最後兩小時，規畫未來 6 個月的工作：該專注做哪些事？該改善哪些事？該學些什麼？

我自己稍微改良了一下，簡化成三點檢視自己的方法：

1 一年一次，在年末時檢視（通常是十二月）。

2 閱讀自己晨間日記及所有的文章，並把重要事件列在紙上或電腦裡。

3 閱讀一下自己的紀錄，看看前一年的目標是否需要進行修訂，寫出新的年度計劃。

而從 2008 年到現在，我自己進行年度檢視也已經八年了，帶給我人生很大的改變。

例如說讓我更瞭解時間管理的工具及技巧，並進而可以教授他人。我從一個演講兩小時講者，進化成兩天課程加百日的落地演練。我也建立了幸福行動家社群，結交各地好友，眼界大開。

而在這個過程中，和自己的家人、親人、小孩，也有了更多的互動和生活品質，這都是因為運用晨間日記不斷「檢視自己」的結果。

一年一次的深檢視，彷彿在一條長路旅程中，停下來歇腳時，回頭看看之前的軌跡，隱隱可以看出形成一條直線，再一轉頭，望向未來的目標，就知道如何修訂生活及工作的角度，往目標繼續前進，擁有一個值得擁有的人生。

·第二十二天的練習·

你可以練習的步驟：

☐ 1. 挑一個具有表格功能的晨間日記工具。

☐ 2. 早上起床開始練習寫日記。

☐ 3. 不是寫一般日記，而是用九宮格檢視自己。

☐ 4. 用打字、插圖寫日記，方便以後搜尋。

☐ 5. 試著寫一週，並回顧自己這一週的日記，看看有什麼收穫。

永錫的實作心得：

日記到底要怎麼寫？其實沒有一定的寫法，或許有些人想要寫心情日記，也很好。

但我們這邊寫日記的目的不是流水賬，不是寫故事，而是要為了以後「自我檢視」時可以使用的，所以要好好想想自己的九宮格要如何設計？九個格子其實就是你覺得對自己工作與生活最重要的九個思考角度，對你來說會是什麼呢？就把它寫在九個格子裡。

累積每一天的自己檢視，這樣每一週、每一個月、每一年，你就有可以好好反省自己，找到新的突破點的最好參考資料了。

晨間儀式
進入忘我的工作暢流

最小的每日習慣，讓你從平庸走向卓越

　　去年年末，我擔任社區聖誕晚會的主持人，起因是老婆是社區的公關委員，身為老公應該全力協助。當天晚上有兩百多位住戶參加，大夥吃著餐廳精心準備的 Buffet，過了半個多鐘頭，就開始我們的晚會節目。首先當然是邀請管理委員會的主委致詞，接著就開始活動的部分。

　　非常幸運，第一個「旗開得勝」活動，就進入了個小高潮，緊接著是「比手畫腳」，我看整個氣氛有點冷，就快速切換到第三個活動「我的勁歌時代」，果然這個活動迅速引爆全場，大家都從椅子上站了起來參與遊戲，整個場子裡住戶們熱情現場獻唱，還有人跳起舞來，整個氣氛就炸開，在冬天的夜晚中，人和人的交流，打破了寒冷，歡笑及談話，讓所有人都很開心。

　　活動慢慢進入尾聲，最後就在懷舊又悠揚的樂音中，結束整個

聖誕晚會。

隔天寫晨間日記時，發現週末晚上的主持工作，我進入了 Flow（在第四天裡我們有練習過）的狀況，專心的主持時，忘記時間流逝，只知道要把活動做好，體驗做好，留意觀眾們的一舉一動。

利用晨間儀式進入 Flow 狀態

我們都希望活動或自己能夠擁有進入 Flow 暢流的能力，卻常常忘掉，唯有練好時間管理的基本功，才能讓我們在正確的時候進入 Flow 狀況。

這樣的能力，確實能夠帶領我們從平庸走向卓越，因此，好好來練習這幾個時間管理的基本功，從早上開始做，就能讓一大早就充滿工作動力。

1. 建立晨間儀式

每天早上五點多，不論冷暖，我都會翻身起床，稍微喝點開水，就用靜坐開始一天，對一個曾經有過幾次憂鬱症病史的患者（我）來說，這是一個很好的開始。

六點左右，開始規劃一天的事情，選出三隻青蛙，代表今天預定要認真推動的任務，並分享到即時通及 Facebook 朋友圈，讓伙伴知道我的動態。

接著，開始寫晨間日記，檢視一下之前一天自己做了什麼，今

天可以採取哪些行動完成未盡之事。

慢慢進入狀態後，我開始投入一些簡單工作，就這樣工作到六點四十五分，叫孩子們起床，準備早餐，洗滌衣物，準備出門送他們上學，這是做家事的時間，直到八點，送完孩子回來，才能繼續推動事情。

每天五點到六點四十五分，就是我的晨間儀式時間，依循著一個套路，讓身體及心靈為忙碌的一天做好準備。

為什麼要做晨間儀式，一方面讓自己擁有固定的作息，二方面這些儀式是經過多年歷練打磨，對整天精力管理有很大的助益。

卓越不是行動，而是一種習慣。-- 亞里斯多德

晨間儀式就是一種非常重要的習慣，幫助我們走向卓越之路。

2. 開始推動「高價值工作」

八點以後，就要開始推動生命中大小事情，我們想要過有意義的生命，就應該把精力、時間先集中到重要的事情上，也就是吃青蛙，我稱為「高價值工作」。

高價值工作代表優勢能力，對我自己而言，創作（畫畫、寫書、

製作講義或寫部落格文章）、準備演講題材、整理和他人一對一對話後資料、讀書、玩新的 APP（對我來說，好 App 就是一本好書）、朋友圈的對話、慢慢寫日記，都是高價值工作。

這些工作我做起來就是做的比一般人好，而且會讓人生累積到更好的層次，應該花大量時間在高價值工作上。

除此之外，也有些生命的角色需要採取行動，不管是和老婆去喝杯咖啡、和孩子一起看電影、幫家中的寵物清洗籠子，或當個好老師，主動解決學生疑惑。

一個幸福的人，應該承擔起自己的責任，做好「擔當」，這樣才能擁有幸福的人生。

這樣子，我們就能打好從平庸到卓越的基礎，對生命負起責任，「得志，澤加於民；不得志，修身見於世」，這樣不論生命的起伏，仍舊有愉快身及心去面對生活，才能獲得幸福。

做好準備，讓生命走向 Flow 暢流

回到一開始提到的聖誕晚會，老婆和我為了辦好活動，做了許多的預備工作。

從數週之前，就選定了最主要的活動：「我的勁歌時代」，並且準備好相關的投影片及道具，老婆也在委員會報告需要大家協助的地方。

活動一週前的某個晚上，我和老婆花了一些時間坐下來，把「我的勁歌時代」準備好，並開始設計其他兩個活動，寫下整個活動流程表。

當天，我先午休一下，接著就到大樓管理室開會，確認所有的器材，並和主要協助人員討論，還回家更換擔任主持人的衣服。

活動兩小時前，抵達晚會會場，測試聲音，架設舞臺，準備投影片，採排遊戲，和相關人員解釋流程及規則。

因此做好充分準備，所以活動開始後，我只要專注盯緊流程，和觀眾互動，活動開始十幾分鐘，就能藉著臺上活動和觀眾的互動，進入 Flow（暢流）的狀況，創造第一個小高潮，接著就把活動一個又一個推動下去，讓整個晚會順利成功。

其實，我發現 Flow（暢流）是可以創造的，但是需要妥善的準備，也就是要每天管理好自己，維持在好的狀況，當機會來臨時，就能即時掌握，讓別人也能一起參與我們推動的任務，共創出一段美麗的經歷。

每日習慣，讓你從平庸走向卓越

經過這將近十年來講師的生涯，我真的相信「世界可以因我們而不同」，每一個人都有機會從平庸走向卓越，可以己利利人，己達達人。

從接觸這樣多人的經驗裡，覺得人人都應該擁有幸福的生活，

但是由於恐懼，我們無法採取行動，但是藉由每天累積能量，認真面對大小事情，事前認真準備。有時候，生命就可以進入 Flow 暢流。

因為要克服恐懼，要先獲得生命中的自由，而 Flow 的習慣，就是取得生命自由的基礎。當做事的時候，忘了時間的流逝，才是真正的時間管理，而每天的晨間儀式，正是幫助我們進入忘我境界的方法。

·第二十三天的練習·

你可以練習的步驟：

☐ 1. 選一個早晨自己可以接受的起床時間。

☐ 2. 選一件沒有壓力，但可以讓自己提振精神的事，當作早晨起床的第一個行動。

☐ 3. 不急著行動，從晨間日記的每日檢視開始。

☐ 4. 選一件對自己「高價值」的工作開始做，讓自己在早晨就感受強大回饋。

永錫的實作心得：

早起，不是要強迫大家努力工作，正好相反，我覺得觀照自己的身心，比努力工作更重要。

要好好愛自己，作些開心的事情，像最近我就很喜歡畫畫，很抒壓，也喜歡彈奏烏克麗麗，閱讀，上課等。不僅如此，還要有定期的運動，讓身體也能維持好的狀況。

最後，就是和親人、朋友的約會，和不同的人群對話，我覺得是很重要的事情，是一種社交上的滿足，也同時也給我們許多思維的衝擊。

但「有所為，當然也有所不為」，例如不要浪費太多時間去讀網路文章、作息不固定、吃太多青蛙、和太多人互動、及不懂得授權等。晨間儀式的目的，是要讓自己進入開心興奮的狀態，一天才能充滿活力。

建立 S.T.A.R 神盾
讓人生不再被攻破

減少破綻，用四個流程打好時間管理地基

如果您是時間管理的初學者，是否發現您的時間管理系統有許多問題？或許是無法認真面對每天重要的事情，或者管理不了超過幾週的任務？或者是失去願景，缺乏熱情？

如果您是時間管理的進階者，您的時間管理系統能否管理一家公司？您能成為一個做出高性價比產品或服務的團隊？您找到生命的意義並努力去追求了嗎？

其實，上面提到的事情，我也很多做不到，做不好，但是時間管理提供一個很好的自我學習及成長的「框架」。

從習慣三一開始，就說到「Reboot」這個字，期待能夠定期思索生命中較高層次的問題，前幾篇文章，討論了晨間日記及每日儀式，形成一個每日的小系統，這是行動的層次，藉著每日重新啟動，讓系統效率最高。

　　而接下來的文章，我們要逐階爬高到任務的層次，結合接下來要介紹的「S.T.A.R 神盾系統」，管理幾週、幾月甚至超過一年的任務。這樣的一個架構，兼顧行動及任務，就能夠建立好一個實踐及成長的系統，每日、每週的不斷「Reboot」，不斷更新。

減少破綻的 S.T.A.R 神盾系統

　　我很喜歡看金庸的武俠小說，其中有一部「笑傲江湖」更是讓我愛不釋手，裡面的主角令狐沖，學會了一套神奇的武功「獨孤九劍」，可以在對手在出招的瞬間發現破綻，攻擊破綻，從而逼得對手只得回防，根本無法出招，才能做到「只進攻，不防守」的境界。

　　在時間管理上，這是本書第二個習慣討論的「捅人利器」，雖然收件匣中的筆記、郵件不斷出現，但是批次處理加工成行動，並用「丟棄」、「立刻行動」、「授權他人」、「放入系統」等方法立刻處理，因此這屬於時間管理的「利器」。

　　而小說中令狐沖還有另外一個特點，就是無招勝有招的境界，因為無招，所以本身劍法沒有破綻，敵人就難以攻破。

　　在第三個習慣中，我們每日及每週檢視的目的就是「減少破綻」。清空收件匣後的任務，分別放入「STAR 系統」，每週檢視時，就看自己手上的任務有無「破綻」，設計好行動來堵上，這屬於時間管理的「神盾」。

　　那麼，什麼是「STAR」系統呢？

——每個人都需要的 STAR 系統四顆星芒——

我們要把經過吃青蛙、清空收件匣後產生的額外任務放入 STAR 系統，那是一個處理不同任務的不同資料庫，依照不同的任務形式，可以細分成 S.T.A.R（Scheduling、Task、Action、Reference）四種流程，以下一一說明。

Scheduling，也就是行事曆

每天早上我們都會檢查行事曆，知道一天的行程，每週我們在做每週檢視時，也會確認自己上一週與下一週的各種任務，並列出任務清單，安排執行任務的時間，並設定鬧鐘自動提醒。

Task，也就是任務

現代知識工作者同時會擁有許多任務，有的耗時短，幾天可以完成，有的耗時長，常常需要數週或數個月才能完成。

任務分個人及組織的任務，有的是獨力完成，有的是要和團隊協作才能完成。要對任務做好適當的規劃，藉此瞭解整個任務的大要，這樣執行時才夠持續的推動，減少邊想邊做的狀況。

若是能管控好下週要推動的任務清單，及其下一步行動，這樣時間管理的功力就很不錯了。

Action, 也就是行動

每天都需要推動許多可以執行的行動，有些是單獨的行動，有些則是和某個任務相關的行動。

行動不容易管理的關鍵有兩個，一個就是沒能做好任務規劃工作，以致找不出關鍵的行動，另外就是今天有太多可以做的行動，需要花時間釐清先後次序。

因此每天要先列出三隻青蛙，幾隻蝌蚪，努力推動，當有雜事進入收件匣，迅速加工確認需要今天作及不是今天作的事情（儘量不要今天作，安排特定日期來做該行動），這樣才能順利推動今天的青蛙，進而吃下幾隻今天的蝌蚪，擁有高效的一天。

Reference，也就是參考資料

為了持續做好時間管理，需要建立參考資料庫，例如之前提過的晨間日記，愛畫畫及拍照的人會建立圖片資料庫，講師會有投影片資料庫，上班族則有 Office 文件管理。這些資料可以幫助我們執行任務執行得更好。

這 S.T.A.R（Scheduling、Task、Action、Reference）四種存放方式，就形成了我們所說的「數位工作樞紐」，我稱為「神盾」。

如何使用神盾？

在每日的範圍內，管理的是神盾的右半邊，也就是 Scheduling（行事曆）及 Action（行動）。

在每週的範圍裡，要管理好 Task（任務）及 Reference（參考資料），這是神盾的左半邊。並且做好每週檢視，讓其中的行動及資料提示，更新到最新的狀況，並放置在應該放置的地點。

所以什麼是 STAR 神盾，其實就是讓我們的各種任務資料進入正確的流程，從而我們可以很有效率並且沒有破綻的自我檢視，這樣就構築起時間管理的盾牌了。

當然，接下來我們還必須結合每日與每週檢視的習慣來使用STAR 神盾，後面我們會一一介紹。

・第二十四天的練習・

你可以練習的步驟：

□ 1. 找到你的 S 行事曆工具是什麼？

□ 2. 找到你的 T 任務清單工具是什麼？

□ 3. 找到你的 A 行動管理工具是什麼？

□ 4. 找到你的 R 參考資料收集工具是什麼？

□ 5. 確認你的 STAR 神盾本身沒有破綻。

永錫的實作心得：

這本書講的是時間管理的三個習慣，從第一個習慣吃青蛙、第二個習慣捅人利器與清空收件匣，第三個習慣的 S.T.A.R 神盾，已經大致都講解過了，現在終於可以將之組合起來。

吃青蛙，幫助我們整理一天之內的大事（青蛙）、蝌蚪（小事），讓我們的時間管理的效益最大化。

捅人利器，讓我們從收件匣中，將一條條雜事加工成行動，不需處理馬上丟棄，可以處理的馬上處理，可以授權就馬上授權，沒辦法立刻處理的就放入 STAR 系統。

S.T.A.R 神盾，則有四種資料庫，讓不同的行動提示可以快速放入，搭配每週檢視的習慣，打通這系統的任督二脈，讓手上的任務能夠順利推行。

S 行事曆閉環
統整任務行程的圓心

走上運籌帷幄，決勝千里之外的道路

2015 年 6 月，那是我第一次見到 C 君，一個年輕的二代接班，受過良好的教養、名校的萃煉、大公司的薰陶、回到家中的事業已經幾年，正準備大展宏圖，幫從爸爸那輩就創業至今的企業開疆拓土。

這些年，他引進了許多的工具及方法，和二十名貿易公司的員工一起打拼，賣爸爸工廠的產品及服務，在國際市場殺進殺出，但是卻覺得在時間管理的領域缺少了什麼。

C 君自認時間管理能力不錯，更為了公司添購了一流的工具，但是老是覺得整個團隊有「指派他人做事，可是後來對方卻遺漏」的狀況。因此，身為我部落格多年讀者的他，找了我做為公司的顧問。

第二十五天的主題談的是 STAR 神盾中的「S」（英文是

Schedule），也就是俗稱的行事曆，我們不是僅僅從一個行事曆的工具來談，而是從專案管理的角度，思考一個個人或公司，在專案管理中，行事曆如何和他們公司的專案做好結合。

你只需要一個行事曆

第一次訪談時，和 C 君提出的第一個問題是：「請介紹一下你及公司的時間管理系統。」C 君一聽，得意地打開電腦，開始展現他最常用的工具，包含有 Omnifocus、Omnioutliner、Evernote、Paleface、Asana、Sandbox、Gmail、Google Drive、HipChat 等等。

但是我一面聽，一面想，提出了第一個建議「如果想要在公司內成功導入 Asana，就要放棄使用 Omnifocus。」Asana 是公司使用的團隊協作任務軟體，Omnifocus 是個人任務管理軟體，都屬於之前提到的數位工作中樞，但是我建議他只能擇一。（關於 Asana，本書第一個習慣中有提到。）

C 君一般都是上班時使用 Asana，家庭的事情使用 Omnifocus，這就像是一個人擁有兩顆心臟，在任務管理上，會產生許多無謂的問題。

再提一次，這篇文章講的是行事曆，但是本質上，是泛指一切個人或企業任務中，和「日期」相關的時間管理。

C 君的故事也讓我們體會到，公司及其領導者使用的時間管理

工具非常重要，所謂「上行下效」，領導人的習慣，自動會被下屬複製。

試想，若是老闆使用各種不同工具交代行程，公司的員工都變成「工具控」，使用大量的不同工具，彼此的訊息傳遞卻沒有固定，那樣就會形成「指派他人做事，可是後來對方卻遺漏」的狀況，接著，我們來看看 C 君是如何帶領團隊，克服這樣的難題。

每日閉環：每日青蛙，每日檢視，沒有破綻

我後來到 C 君公司進行了第一月顧問課程後，台灣和內地的同仁們就開始了每日吃青蛙的習慣養成。每天早上九點全公司都在 Asana 內列出自己今天要做的青蛙。自己決定吃什麼青蛙，為自己的結果負責，不是老闆緊盯大家做什麼。

到了第二個月的課程後，更加入了每日檢視的機制，就是在每天晚上六點，回報今天的工作執行狀況。

每日檢視非常重要，在個人的領域，每天早上吃青蛙（我們前十天練習的內容），寫晨間日記，就能形成一個閉環：「自己確認自己要做的事情，自己檢視自己做事的結果」。而在 C 君的案例中，全公司每天在 Asana 中發表各自工作事項，傍晚檢視結果，構成群體閉環：「群體確認群體要做的事情，群體檢視群體做事的結果」。

C 君告訴我，以前他就是公司裡面的團隊的樞紐，用自己的大腦及時間做成的樞紐，自己動作稍慢一慢，就影響了團隊的進

度。

現在用了群體協作的模式，同仁遇到問題，懂得利用協作工具互相協調工作，各自瞭解彼此的青蛙，共同推動相關的工作。所以 Asana 成了工作的樞紐，公司同仁的協作組成了樞紐，C 君就能夠脫離日常業務的牢籠了。

建立起公司的數位工作樞紐系統後，工作由團隊推動，老闆卻不需要時時在。

「早上決定自己工作上重要的事情」、「發表在所有同仁都看得到的地方」、「每天傍晚進行檢視」，加上半年多的每日操練，讓 C 君的公司每天工作流程進入軌道，非常地恭喜他。

每週閉環：每週最重要的一個小時週檢視

C 君的公司每週五的下午都會有一個小時的時間進行每週檢視。需要做以下幾個步驟：

(1) 清空收件匣：

針對筆記、郵件、Line、FB 等即時訊息，做好把雜事加工成行動的動作。

(2) 檢視過往一週的工作日誌：

這時就可以拿出上週每天發在 Asana 的紀錄，檢視一次。

（3）檢查上一週的行事曆及未來一兩週的行事曆：

在個人的行事曆上，標注著未來的重要約會或事件。

（4）思索近期任務：

Asana 裡面個人都有一份明確的任務清單，思索下週重要任務的推展，可以採取怎樣的行動來完備，記錄下來作為下週的行動事項。

（5）檢視年度目標：

每個公司、每個員工都有年度目標，一週一次，檢視自己手上的青蛙及任務的方向，是否朝向年度目標前進，是否偏離？速度是超前？還是太慢？

公司同仁，經過這樣的每週檢視，對自己上週的工作狀況及下週即將推展的任務，能有了大略的瞭解。

而上述個人或公司的時間管理進步，其實都建基在從選擇一個行事曆閉環系統開始，可以把自己或團隊的行程與任務納入這個閉環，統一檢視，並且方便隨時檢討。

這樣的益處是做事情更能夠把時間花在關鍵的行動上，在行事曆系統上就能看到自己的短中長期計畫，讓自己與團隊往共同的年度目標不斷前進。

·第二十五天的練習·

你可以練習的步驟：
- ☐ 1. 列出自己目前使用的所有安排行程與任務時間的工具。
- ☐ 2. 去蕪存菁，只保留一種來統整所有任務行程。
- ☐ 3. 練習在這個工具上進行每日計畫與檢視。
- ☐ 4. 一週後練習在這個工具上回顧與計畫每週工作。

永錫的實作心得：

你可以把行事曆閉環想像成一個圓，我們無論怎麼安排任務與規劃行程，最終都要回到這個圓，而我們所有執行任務的終點也是轉回這個圓，甚至當我們要反省回顧自己的狀態時，也可以回到這個圓上檢視。

因為，只有「圓」才不會漏失，任何東西都只會在圓裡面運轉，無論轉到哪裡去，最終都還是在圓環裡面。

而我們正是需要這樣一個時間管理系統，這樣一個行程表，才能避免漏東漏西的毛病，也才能提高管理的效率。

第
二十六
天

T 團隊與任務
你的倚天劍與屠龍刀

一個真實優化團隊協作的故事

　　進入第二十六天，相信大家對於我們的時間管理系統已經有一定的熟悉的，因此這一天，我想用一個故事來說明 STAR 神盾系統裡的 T，也就是如果管好「Task 任務」，甚至如何管理「Team Task」團隊任務的樣貌。

　　我的這位客戶是某公司總經理，全公司近百人都使用 iPad，裡面都安裝了一樣的協作 App：iThoughts（一個心智圖工具）、Trello（一個可以協同合作的專案管理服務）、Goodreader（一個文件編輯工具），他們希望我把我的時間管理系統，套用在他們公司的這三個工具上。

　　首先，他們已經做好我們前一天練習裡要做的事情：有一個行事曆閉環，他們的工作系統是統一的，團隊行程都可以在 Trello 這個專案看板上管理。

但是接下來，如何讓這個任務管理系統活化起來？讓我繼續套用金庸小說，用「倚天屠龍記」這個概念來為大家做解說。

這個方法不限定工具，我這邊只是以這位客戶公司所使用的工具來舉例，大家可以自由替換，最重要的是後面「組織任務」的方法與精神。

倚天劍：收集雜事，加工成行動

iThoughts 是這位客戶推薦的第一個神器，這是一個心智圖工具，但就像我們在第一個習慣裡也有練習過的一樣，我們可以用心智圖來吃青蛙，這就是我們的倚天劍。

上班前或剛上班時，快速規劃一下今天要吃的青蛙，如有需要，就可以用心智圖簡單拆解。

而開始工作後，湧進來的郵件、電話、即時訊息、開會記錄等雜事，運用 iPad 上面的 iThoughts 捕捉，加工成行動，並立刻用心智圖加工及組織。最後，iThoughts 記錄工作的各種想法，連結網頁和檔案，留下執行的脈絡，過一段時間，就變成了寶貴的資料庫，可以共享工作的經驗，也可經過檢視，提煉出更深層的想法及做法。

但更重要的是，接著把 iThoughts 規劃的今日計劃截圖，放到 Trello 之中，讓團隊中的彼此知道工作的重點。

Trello 在這個案例裡，就是他們公司任務管理中樞。而

iThoughts 是幫他們拆解青蛙的工具。

簡單的說，iThoughts 這把倚天劍，讓我們從「i（INBOX 收件匣）」收集的雜事，經過加工，幫助公司同仁每日吃好青蛙，並把任務細節放到 Trello 中，幫助公司高效運作，不愧是倚天劍。

屠龍刀：思考自己及團隊要做哪些行動

這位客戶也是我多年的部落格讀者，也非常喜歡 David Allen 的 GTD 理論，以前是電腦工程師，曾經花了大量的時間找尋公司合適的時間管理工具，最後找到了 Trello 來幫助管理公司所有的任

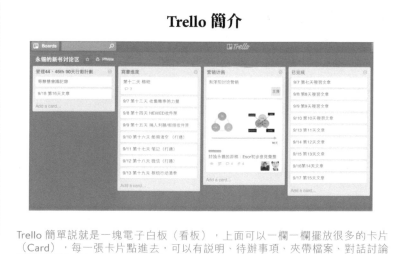

Trello 簡介

Trello 簡單說就是一塊電子白板（看板），上面可以一欄一欄擺放很多的卡片（Card），每一張卡片點進去，可以有說明、待辦事項、夾帶檔案、對話討論及變動記錄。這就好像一個數位的便利貼牆的概念。

務。

　　總經理把 GTD 的收件匣、下一步行動、授權清單、Someday/
Maybe 清單等概念放到 Trello，變成了一個管理公司大小協作任務
的強力樞紐。

　　每個月，總經理帶領核心幹部召開月會，在 Trello 的月會板子
上滿佈了幾十張卡片，依照會議及 GTD 流程，由收件匣取出，討
論下一步行動，授權幹部處理。開完月會，幹部各自回去工作，利
用 Trello 內討論機制建立針對任務的深度對話，回報執行結果。

　　各部門也有各部門的板子，裡面一樣有許多卡片，遵照一樣的
流程開會，Trello 可以在電腦、平板、手機等多平台使用，Trello
就是公司管理的小宇宙中心。

　　而 Trello 作為第二神器，連結 iThoughts 傳到雲端的檔案，查
閱之前執行任務的歷程記錄；也透過 Goodreader 產生的連結，快
速抓取某個文件（總經理規定公司檔案一律用 PDF 格式流通），
閱讀公司資料庫的歷史資料。

　　因此，Trello 就是公司管理任務的屠龍刀，不論這個任務是大
是小，「武林至尊，寶刀屠龍」都可以輕易拆解任務（T，Team
Task）成一個個的小區塊，授權團隊同仁處理，變成一個個的行動
（Action）。

　　這樣一個幫助公司做好任務協作，加速執行流程的服務，就可
以構成承上啟下的中樞，也就是我們的行事曆閉環。

——記（資料庫）：支援任務與下一步行動——

這位客戶公司用 GoodReader 來保存公司各類文檔建立雲端資料庫，做為任務補充資料，決定合宜的下一步行動。

和總經理某次和對話中，他提到對人事資料的重視，利用 GoodReader 這個 App，隨時調閱各地分公司人事資料最新考核的結果。只要透過公司的伺服器，一瞬間就下載到他的 iPad 上，真的，我只不過眨了下眼睛，檔案就打開了。

這就是他引以為傲的公司電子公文系統流程，每一個高階主管的電腦都被搬走，全部採用 iPad 移動辦公，主管的價值不在於製造文件，而是在文件上的批注。印章的定義也變了，透過 iPad 辨識指紋後，電子簽名便黏貼到文件之上。

另外也採用 GoodReader「內部連結」的功能，將文件的連結貼在任何 App，文件可以透過這個連結開啟，成為像是 iThoughts 及 Trello 另外兩個神器的附件。

因此，GoodReader 就是公司資料庫，「記」錄一切重要的文檔作為任務的補充資料。透過雲儲存，隨時用 iPad 呼叫、批注、簽名回傳。

也就是說，一切到公司的雜事進入了 i（inbox）收件匣，匯集到 Goodreader 形成了 R（Reference）參考資料，讓主管判定 A（Action）下一步行動，這樣的工作流程一氣呵成，靠的就是 Goodreader，真不愧第三個神器。

學習這個故事的任務管理精神

當然，你不一定要跟他們一樣使用上面這些工具，但這裡面透過的工作流程卻是我們可以學習的任務管理方法。

IThoughts，幫助管理青蛙，拆解青蛙，收集雜事加工成行動清單，是「倚天」劍。

Trello，收集了公司所有的任務及相關的文檔，決定去執行的下一步行動，是「屠龍」刀。

GoodReader，建構了公司的雲資料庫，幾秒之間，傳到眼前，正是可靠穩定的「記」錄工具。

這「倚天」、「屠龍」、「記」合起來就是金庸有名的武俠小說「倚天屠龍記」，這 App 三套件雖各自獨立，而管理任務毫無遺漏，自然能讓公司業務推動更為高效。

·第二十六天的練習·

你可以練習的步驟：
□ 1. 你的倚天劍是什麼？
□ 2. 你的屠龍刀在哪裡？
□ 3. 你有沒有好的紀錄資料庫？
□ 4. 你的倚天屠龍記有成為一個串連的閉環嗎？

永錫的實作心得：
這個倚天屠龍記的故事，可以幫助我們很好的學習怎麼建立互相連結的工作系統。

若加上後面我們要介紹到的每週檢視功夫，更能讓管理的漏洞更進一步減少，公司的時間管理能力就能逐步提高。這樣逐步推進，公司就能夠逐漸掌控團隊工作流程，創造出高性價比的產品或服務。

就像這個故事一樣，這位客戶公司的近百名同仁都配備了 iPad，並裝上 Trello、iThoughts、Goodreader 三大重要 APP，公司每個月有月會，就在 Trello 上面記錄，回去則要即時動態更新。並且每週五下午是公司共同的每週檢視時間，清空收件匣、檢視行事曆、任務清單、行動清單、年度計劃等，讓同仁對手上的任務細節都能撩若指掌。

於是公司的整個運作就在這個雲端行動時代進入了非常高效率的流程了。

Ａ行動清單
從０到１改造工作流程

企業效率改造，最適合從行動清單切入

　　第二十五天講到的案例是用 Asana 來管理每日、每週、長期的專案，第二十六天討論的故事則利用 iThoughts、Trello、Goodreader 及 iPad 這種平板工具來做完整的公司日常營運管理。講了行事曆及任務清單，這篇講的是「行動清單」。

　　尤其如果一家零時間管理經驗的公司想要引入時間管理系統，最適合切入的角度，就是從管理好行動清單（Action list）開始。

　　這裡我們也用故事來解說，故事的主角是 K 君，他在一本雜誌的採訪中認識我（因為他也是那本雜誌的專欄作者之一），本身經營餐飲集團，底下有幾個品牌，他想帶領企業做好時間管理，但是有幾個難處。

　　沒有時間管理學習的學習經驗是第一個（K 君讀過 EMBA，但是裡面不教企業的時間管理），餐飲業突發狀況多，也無法整天

坐在電腦前面，工具需輕薄短小、確實有用，工具要能夠向下複製且學習成本低，因為員工數量大。

K 君上完我的課程，經過了半年，突破了許多的挑戰，帶領團隊學習，最後小有所成。接著，就來講講他增強管控行動清單的能力的英雄之路吧！

如何把行動清單的概念導入企業？

我訪問了一下 K 君，詢問他課後如何把行動清單導入企業的過程，他講了幾個關鍵點。

1. 關鍵人物到場：

一開始時，K 君、HR 及特助三個人參加了研習會，開始導入核心團隊學習吃青蛙打卡；接著幾個品牌總經理也上了兩天課程，在企業中繼續落地推動。他和我說，在導入新系統的初期，領導者的經驗值及能力要先提高很重要，可以讓下屬產生信任感，推動自己也比較有把握。

2. 對於工具的深入探討：

K 君使用「滴答清單」這個清單工具來管理團隊行動，開始執行半個月後，他們召開會議分享滴答清單使用經驗。分成三部分，先是講使用後的好處及感受，接著討論運用上困難，最後講授一些

進階功能，我也請了幸福行動家使用經驗豐富的學長去交流，讓學習更加多元。

3. 賞罰機制建立：

　　做得好有獎賞，做得不好，必須同仁自己掏錢發紅包給做得好的人，藉由遊戲化的機制，促進群體學習、對話、實踐，領導者或者當啦啦隊，或者當老師，幫助團隊前進。

　　在導入滴答清單四個月左右，K君又邀請我到企業內做了一小時的演講，為四十位廚師長及前台經理一起做教育訓練。接著立刻進入二十一天吃青蛙打卡實踐，一次又讓一批企業的生力軍掌控行動清單能力提升。

　　其實在這一段時間內，我也和公司的同仁建立了更深的交情，從0到1導入時間管理系統，不是一蹴可成，除了工具、理論的傳遞，講師和領導者還必須和大家站在一起，以身作則，一起練習，這樣才能把企業做事的精確度逐步推動起來。

企業導入行動清單管理的好處

　　為了這次的企業顧問案，除了聽K均的分享，我也採訪了企業上上下下，並到了幾家其下餐館用餐，看看大家所得到的成果是什麼。

　　根據幹部反映，K君本身，克服了不少以前拖延的毛病，因

為每天知道自己重要的事情是什麼，有一起打卡，所以大家都看的到，讓他也更能專注地處理該面對的問題。

核心幹部群則反應有三個方面的收穫，分別是視野的拓大、工作生活平衡，晨間日記的好處。

首先是參與幸福行動家後，見識到各個領域職人工作及生活的方式，生活領域拓展許多，視野增大，對自己的自我要求也提升。尤其上完課程後，密集打卡（回到自己的時間管理狀態）這段時間，工作效率因為明確優先次序，集中大量時間在吃青蛙，瑣事批次處理，效率明顯提高，不僅如此，也能夠兼顧到生活品質，留下時間陪伴家人，增加運動或休息次數。

寫晨間日記的好處也開始浮現，HR 反應「以前晚上有時因工作壓力太大，翻來覆去睡不好，現在有寫日記習慣，能夠知道自己工作模式，告訴自己這只是短期的狀況。先安心睡好，明天再努力面對即可。我每日設目標，每日檢討，形成了一個封閉迴圈，也就是日閉環，這種感覺很好。」

最後，對於只上了一小時課程的幹部，二十一天的堅持打卡下來。有人的反應是

「以前覺得餐飲工作千篇一律，沒什麼好改進之處，但是慢慢發現，每個領域都有值得完善的細節，可以用吃青蛙方式列出來，一個個去修正。」

幫助企業引入行動清單這個方法，讓同仁學會管理行動清單，藉著日復一日的操練，把飲食業最重視的食安問題、衛生問題、教

育訓練等事項落實成每天推動的行動。各同事之間，也因為事前瞭解彼此今日工作重點，也更能夠相互協助。

看到各店店長的笑容，看到大家的成長，對於我而言也是生命中很有意義的一部份，人的幸福，除了自己過得好，若是能時時存著一個幫助他人的核心價值觀，這樣的人生是更加完整的。

管理者是企業時間管理的鑰匙

有數千名員工的 K 君，確實是個耐得住性子的人，當他和核心幕僚上了我的第一期課程後，七位品牌總監上了第二期，經過了五個月的操練後，才開始向下複製時間管理的基因。

領導者要在企業植入這個基因，要針對三個點去積累，第一個是時間管理的理論（Theory），第二個是時間管理的工具（Tool，K 君公司用的是手機及滴答清單），第三是群體（Team）學習，群體溝通團隊任務（Task）並一起學習。希望由核心幹部做起，學好理論，用好工具，做好社群學習。

這樣的益處是，我相信 K 君這些餐飲業的同仁，就能做到更高層次的協作，讓相互交代事情不會遺漏，讓整個企業做出的產品及服務更上層樓。

掌握行動清單的能力不是快功夫，以個人來說，需要兩年左右的時間，在企業裡面，可能可以藉由群體學習實踐加速，但是也要花上好幾個月才能見效，

最後用另外一位在企業中的優秀幸福行動家學習心得來結尾：

「近來正在整理這兩年講座的筆記，深覺永錫老師在連續 4 次的時間管理系列講座對之後工作及學習生活的影響之大。時間管理的理論和技巧著實是一個慢功夫，雖然早早便在心裡播撒了種子，但過了很久才真正意識到其重要性，進而重新學習並開始實踐。」

祝福 K 君及他的企業，實踐時間管理，找到企業的幸福。

·第二十七天的練習·

你可以練習的步驟：
□ 1. 檢查你們團隊是否有共用的行動清單？
□ 2. 找一個最適合你的小團隊的清單工具。
□ 3. 練習跟你的團隊一起共用清單。
□ 4. 每一週一起討論共用行動清單的好處。

永錫的實作心得：
最後，來談談就培訓師的角度，企業掌控行動清單的好處吧！

當工作的核心，從對話變文字化，以往更多的是口頭承諾，但是把每天把重要事情寫上清單，自己就會擔心做不到，因此寫文字時更多一分考量，這對團隊相互承諾能力很有助益。

有時候有些夥伴事情作不完，主管從清單中發現了，就能夠把工作重新分配，相互幫忙，團隊的情感也因此更好。

選一個對你或團隊來說最順手的清單工具，一來用法簡單，二來工具介面熟悉，對於企業來說學習成本及支出都很低，更加願意採用。

R 參考資料庫
決定工作品質的關鍵

成功的任務從成功的知識庫開始

為什麼參考資料庫如此重要？

2016 年世界經濟論壇發佈一篇《工作的未來》報告，這是依據 15 個針對已開發及開發中經濟體 371 家公司的人力資源主管訪談的研究結果，報告中說未來工作場所中的五大核心技能，包括複雜問題解決、關鍵思考、創意、人事管理、與他人合作。

如果個人或企業能管理好複雜任務，我相信這五大核心技能，都能夠持續成長。第三個習慣（第二十一到三十天文章），就是討論企業如何作好任務管理。

而要做好任務管理，還有一個環節不可或缺，那就是要做好任務參考資料庫，要考慮以下五個因素：企業採用的硬體，管理任務的樞紐工具，因應企業需要的軟體配置，儲存參考資料的容器（檔案櫃、雲端），以及可以與協同作業人員的深度搭配。

參考資料從紙張形式轉成數位化

以前，我使用了大量的檔案夾，甚至訂製了檔案櫃，來管理一大堆的紙張。喜歡把重要的文件或任務規劃的內容印製下來，在上面批注，並把同一個主題的紙張、便利貼、文件放在一起，做好任務管理。

後來我完全改變成數位化的模式，儘量變成數位形式保存，雖然還是很喜歡用紙張及塗寫（Doddle）思考，但是最後保存時，會用數位的形式，這樣一來體積變小，便於攜帶。

雲端同步更是一大突破，讓不同設備可以同步。

因此，除了資產資料及法律文件，基本上沒有長期紙類文件需要保存，我的參考資料全面數位化。

任務參考資料庫的五大要素

讓我們來思考建立企業任務參考資料庫的方法。

1. 硬體工具

考量整個企業及核心幹部團對用的工具，不論是紙質筆記、手機、平板、電腦，要考量大家的業務場景，讓整個過程如同行雲流水。

基本上，公司應該統一硬體，安裝同樣的軟體，這樣溝通的速

度得以加快，有時候受限於各種因素無法統一硬體，那參考資料的檔案格式也需要統一，這樣任務相關參考資料才能夠快速傳遞，不需要複雜的轉換過程。

也因此，把資料數位化、雲端化是當務之急，這樣一來整個資料庫可以在更多硬體裝置上使用。

2. 企業的數位工作樞紐

數位工作樞紐就是公司內管理任務或行動的地方，要搭配公司例行會議及使用場景來使用，每家公司依照屬性不同，都會有不同的樞紐選擇。

參考資料庫要能方便的跟任務樞紐工具連結起來，並透過協同作業工具深度對話，把任務的下一個行動，迅速向前推進，成就企業的高效能。

3. 製作參考資料文件的工具

除了硬體設備及管理任務的樞紐工具，我們還要建立製作參考資料統一模式，這需要很多種的軟體或 App 甚至 OA 系統。

未來的公司，必須同時處理紙質文件、電腦文件（因為用鍵盤打字快，所以不會被取代）、移動設備取得的材料（例如施工現場拍照，錄音等），做為各種任務的參考資料，應該要有一個適合的資料庫工具來收集，並且讓這些資料的格式可以統一存放，這樣大家才不會搞亂。

4. 參考資料的儲存方式

根據每家公司屬性不同，參考資料也有不同的儲存方式。大致上可以有紙質檔案櫃、電腦本機、公有雲及自己建立私有雲等方式。

企業參考資料儲存方式，應該隨著時代進步而改變。一開始是以紙質資料為主；過渡時期是紙張及數位資料混合；基於儲存空間及長久保存的思考，未來應該是永久性資料用數位化保存，只有暫時性資料使用紙張。

最好揚棄舊的檔案櫃，改採用各種 SaaS 儲存服務，NAS 或自己採買機櫃，辦公室的時間有一大部分浪費在找出一個東西（現代的話語就是檔案），不僅如此，要建立一套優秀的歸檔系統，能夠快速找到東西的原因只有一個，就是放進去的時候，是經過深思熟慮的。

5. 參考資料庫的團隊協作模式

最後是團隊溝通模式，要把團隊的任務推動好，終究靠的是人的溝通，這是非常重要的區塊。

有一個概念是「1+1>3」，團隊協作就是希望成員的才能互補，展現各自優勢，補救個別弱點，讓產品及服務的品質提升。

所以在考慮參考資料庫時，也要考慮是不是適合網路協同合作，如果可以雲端協作，這會讓資料庫的效能大幅提升。

——你的參考資料庫決定你的工作品質——

參考資料，看起來是不起眼的靜態資料，但是研究時間管理久了，才發現這是決定品質的關鍵所在，企業工的個人每日努力工作，留下來許多的紀錄，如果善用，就成黃金。

由於工作模式、工具、甚至企業中的個人在這個時代裏都不斷地變動，這一條企業資訊化的路途是非常長的，但是聚焦點只有一個，就是企業如何將手上的重要任務，確實地往前推進。

我們在這幾天的文章建立的是 STAR 的任務管理推進，一方面，藉由企業運用的場景，讓大家瞭解任務的四個重要面向（STAR）。另外一面，搭配理論及工具，讓個人對管理任務的方式能夠持續進步。

接下來，我們要把這顆星星神盾（STAR），打造成沒有破綻的盾牌，這就要靠我們每週檢視，經由每週檢視，讓我們可以：

一年有 52 次機會，
重新檢視自己，
找出並修補破綻。

·第二十八天的練習·

你可以練習的步驟：

□ 1. 從個人開始，把資料數位化。

□ 2. 把資料庫雲端化。

□ 3. 找一個可以收集資料的雲端服務。

□ 4. 統一你的資料庫儲存中心。

□ 5. 讓資料庫可以雲端協同合作。

永錫的實作心得：

在這個時代，有哪些服務可以滿足上面五個要求，負擔你的資料庫管理需求呢？

這邊我推薦幾個服務，第一種是前面也有介紹到的 Evernote 或 Onenote，他的不只是筆記工具，也是一個可以收納管理各種檔案、文件、照片與錄音檔案的雲端資料庫。

第二種是一個主要的雲端硬碟同步服務，例如 Google Drive、Dropbox 或 OneDrive，你可以把所有資料放在雲端硬碟同步管理。

當然你也可以架設 NAS 私有雲，但這就需要一點技術，你可以選擇最適合自己的方式架構自己的資料庫。

練習每週檢視
提升時間管理的高度

成為掌握利劍與盾牌的半人馬

學習時間管理的這十五年來，從自己學習到教導他人，最重要習慣有三：

每天吃青蛙。

清空收件匣。

每日重開機（每日檢視）。

每日吃青蛙讓我們面對挑戰，把重要的任務及行動向前推動。

清空收件匣讓我們清空大腦，並且把雜事加工成行動放入 STAR 的工具系統中。

每日重開機則讓我們保持檢視，每一天都能進入 Flow 的工作狀態。

　　而每日檢視（重開機）還可以提升為每週檢視（重開機），這是提升高度，檢視過去一週，並讓長期目標及下週目標匹配，做好縱向思考。

每週檢視的優點

　　落實第三個要養成的習慣，不可或缺的每週檢視，可以帶來的益處是：

處理大量的瑣事，而不身困其中
整合各種時間管理工具，組成 STAR 資料庫，成為推動任務後盾
明確長期目標，每週不斷檢視並推進
擁有清晰的大腦，面對突發狀況，做出最好的應變

　　如果您已經下定決心要做好每週檢視的工作，請從以下三個步驟著手：把雜事加工成行動、更新 STAR 清單，由更高的高度縱覽全局。

第一步，把雜事加工成行動

　　每週我都會安排合適的時段，進行每週檢視，但這個習慣的養

成並不容易。

有時是忙於緊急的事情，忙著救火，就不去做每週檢視；有時檢視時間過久，覺得效果不彰，更常出現的挑戰是，打從心裡排斥去做這件事情。

2008 年到美國去上 David Allen 課程時，課堂中，他一再強調每週檢視的重要，於是回來後又開始實踐。這次終於逐漸上手，總算把這個習慣養成了。

要做每週檢視，首先要把這一週來的雜事及日記都整理一下。

筆記：本週與客戶訪談，讀書心得，自己的紀錄有哪些筆記還需要加工成行動的，在此時都應快速瀏覽，加工成行動。

每週檢視就是要快，明確下週前進方向，不是鉅細靡遺檢視。

郵件：雖然每日清空收件匣，但是有時候非常忙碌，有所遺漏，就可以利用這段時間把郵件清空。

即時通：泛指 Facebook、Line、Wechat（微信）這類的即時訊息，把重要的訊息加工成行動。

最後，閱讀晨間日記：把這七天做事的結果檢視一遍。

實際操作時，我會把檢視後需要的紀錄事項，記錄在紙本筆

記本的左頁（右頁記錄未來要做的事情），包括把雜事或檢視日記完的想法加工成行動，寫下上週任務推動的狀況。

我的清單大部分在電腦上面，用紙本筆記本檢視，可以專注在檢視上，速度可以提高。

第二步，更新 STAR 清單

把過去的訊息刪除，更新到最新的狀況，步驟則依照 STAR 的次序來進行。

Schedule：回顧上週的行事曆，雖然已經看過日記，但是還是會有一些重要行程從行事曆才看得清楚。

接著瀏覽將來一兩週的行事曆，可以從某個重要時間點倒推，確保對即將發生的行程和約會做好安排及準備。

Task：檢查任務清單，看上週推進了那些任務，推進的狀況如何，有需要的時候（通常不需要），也可以打開協作的專案軟體看看專案推動有無需要注意的事項。

Action：檢查行動清單，將完成的行動打勾，每天工作，沒有時間好好思考哪一件行動應該如何處理，這時間正好可以做好這件事情。

另外，也可以看看授權他人清單，看是否需要採取行動，督促伙伴動作加速。

Reference：檢查任務參考資料，如果對某個任務放心不下，

就可以詳細看一下這個任務的參考資料，直到自己放心為止。（但是我通常不看，參考資料庫是需要時才使用。）

第三步，由更高的高度縱覽全局

剛開始建立每週檢視習慣，重要的是清空收件匣；經過了一段時間（半年或更久），專注點就移動到任務清單的更新上；再經過一陣子，目標及願景和任務的匹配最是重點。

要從更高的高度檢視，要做以下兩件事情。

首先，檢視年度目標及願景圖，每週檢視時正好可以檢視自己是否往既定的方向前進。有需要時，就加入一個新的任務，確保每週都朝向自己年度目標前進。

其次，檢視 Someday/Maybe 清單，行動清單中，我會有份「某一天要做」的次分類清單，記錄某些自己夢想中想達成的事情。

例如寫一首歌、開始學煮菜、畫一本繪本、帶老大去坐青藏鐵路、改善某段人際關係等等。每週檢視時看一下，或許刪除一些，或許增加一些，說不定，某些夢想可以在下週就付諸實行。

每週檢視注意的要點

當你要開始實踐每週檢視時，有幾個要點可以注意一下。

每週檢視的目標是什麼？對我而言，是更新各個資料庫表格到

最新狀況,並找出下週最重要的幾個任務。

檢視什麼內容?主要是雜事及日記的檢視,接著是更新 STAR 工具資料庫,減少破綻,最後是提高高度,思考未來。

何時做檢視?建議在每週五下午固定排一段時間檢視,除此之外,我也常利用出差在飛機上的時間。

在什麼地點做每週檢視?通常在書房,有時候想轉換心情,就會找一個喜歡的咖啡館。

每週檢視這一小時,我覺得是一週一百六十八個小時裡,最珍貴的一小時,得以讓自己跳高到更高的高度看看生活的全局,這樣充分的檢視後,我們的頭腦才能獲得真正的寧靜。

·第二十九天的練習·

你可以練習的步驟：
☐ 1. 設定一週的某一個時段進行每週檢視。
☐ 2. 練習在一個小時內快速完成檢視。
☐ 3. 每週檢視的目的先從找到下週目標開始。
☐ 4. 執行幾次後，練習在每週檢視找到未來計畫。

永錫的實作心得：

之前提到，個人若是能夠做到每天吃青蛙，每日檢視，完整的收集、加工成行動，利用捅人利器立刻完成可以完成的部分，剩下的行動事項放入 STAR 資料庫中，最後每週檢視。

培養出良好的時間管理習慣（捅人利器及 STAR 盾牌），善用工具（馬），擁有清晰的大腦（人），這樣我們就可以成為神話傳說英雄：「半人馬」。

若是企業內能夠培養出一匹匹的半人馬，在協作同業時，便能組成「半人馬軍團」，成為企業中核心樞紐，高效處理困難業務，流程如同行雲流水，讓企業的戰鬥力更加提升。

寫好晨間日記
做好每週檢視

從每日重開機，到人生重開機

孟子曾和宋勾踐有一段對話，最後以一句話結尾「窮則獨善其身，達則兼善天下」。

這句話我一直非常喜歡，人生的際遇，不一定都順遂，但君子不會氣餒，所以「窮則獨善其身，達則兼善天下」。

時間管理的操練，一日又一日不斷，認真做事情、過生活，不間斷檢視的功夫，不也是大學中「苟日新、日日新、又日新」的意思嗎？

所以古人和今人都是在做好人生管理，只是情境和使用工具不同罷了。

到這裡，第二十一天到第二十九天的練習都做完了，要做一下小結，這幾篇文章最重要的就是要「寫好晨間日記、做好每週檢視」，接下來，進行這幾天文章的複習。

2014 年到 2015 年間，我又走過第四次的憂鬱症，這次走出來，對我的生命、家人、專業都有很大的影響。感謝三家企業在初返職場的信任和協助，也讓我由公開班走到了協助企業做好時間管理的區塊。每一次打擊，都是為了更加堅強，就算面臨挑戰，再站起來，就能夠站得更加堅挺。

而第三個習慣要養成的「Reboot」，不只是對自己的時間管理系統重開機，更是對自己的人生重新開機。

第二十一天，每日 Reboot

想要做好時間管理，除了不停的推動專案，還要懂得 Reboot 時間管理系統（就是晨間日記及每週檢視），這天練習介紹了檢視及 STAR 的基本概念，並說明 Reboot 時間管理系統的好處。

第二十二天，每日書寫晨間日記

這天練習，說了寫晨間日記的好處，並就日、週、年三種檢視的方式做了一番說明。

第二十三天，做好晨間儀式

每天早上選擇三隻青蛙，寫晨間日記，規劃要推動的事情，接著全力以赴，把該做的事情完成，並在第二天早上寫日記檢視。這樣的晨間儀式幫助我每天更容易進入 Flow 之中。

　　這十年來寫晨間日記，覺得所有的時間管理理論、工具、檢視，就像是一顆顆美麗的珍珠，而串起所有美麗珍珠的那一條線，就是做好檢視的工作。

　　每日寫日記，就可以檢視一日。隔七天閱讀日記，正是做好每週檢視的基礎。每年年底閱讀日記，正好為向下一年前進做準備。

　　晨間日記就是一個工作及生活歷程資料庫，可以快速查詢自己的人際、生活、財務、工作、社交、內在、親密關係等領域，從以前到現在的積累隨時可以查看，真是太重要了。

第二十四天，架構 S.T.A.R 神盾系統

　　由每日時間管理層級進到每週管理好大小事情，需要建立 S.T.A.R 神盾系統，瞭解 S.T.A.R 的工具系統及每週檢視結合起來的方法，也就是形成「神盾」。

第二十五天，S 行事曆閉環

　　介紹一個企業如何做好 S.T.A.R 神盾系統中的 S，也就是 Schedule，C 君從一個「YES Man」，逐日、逐週推動 S（和日期相關的專案），架構企業等級的數位工作樞紐。

　　慢慢地，讓同仁的能力及智慧接手公司例行的大小事項，他得以帶領大家往五年成立 12 國家分公司的願景前進。

第二十六天，T 團隊任務的倚天屠龍記

　　講了一個客戶公司如何運用硬體（iPad）及軟體（Trello、iThoughts、GoodReader）管理好公司裡面的訊息流（倚天屠龍記），並介紹公司內如何用 Trello 開月會的精彩案例，這也是團隊管理好 T 任務清單的應用。

第二十七天，A 從 0 到 1 改造行動清單

　　舉了 K 君引入時間管理工具及理論進入公司的每一個階段為例，運用 A 行動清單幫助企業做好時間管理，並給予想要引入時間管理系統的其他公司一些實際的建議。

第二十八天，R 決定工作品質的參考資料庫

　　練習了建立參考資料庫的方法，從硬體、企業數位工作樞紐、各種 Apps、儲存參考資料方式、團隊協作五個角度，讓讀者可以瞭解建立參考資料庫的實務。

第二十九天，每週檢視打造沒有破綻的系統

　　把每週檢視分為「把雜事加工成行動」、「更新 STAR 清單」、「由更高的高度縱覽全局」三個部分，分享檢視的實務經驗，進而協助團隊建構每週檢視文化。

小結，我的時間管理心得

我從個人研究時間管理走到時間管理講師，我花了八年，從開設社群的公開班，到進入企業作時間管理的培訓，又花了另外八年，總算架構好這三個領域的能力。

首先是工具的使用，我把所有需要的工具串在一起，形成沒有破綻的工具流（Tool Flow），這些嘗試及驗證，都是非常珍貴的。

接著是時間管理的理論，我嘗試要用簡單的方式，讓學習者可以藉由有系統的步驟，逐漸上手累積十幾年的能力，這需要建立一些模塊，並且利用研習會不斷地試誤。

最後是幫助人成為領導者，我需要建立能力、自信、彌補以往心靈的缺口、建立願景，一步步架構，最後，領導者可以把能力帶回組織中向下生根，這需要大量一對一的互動及時間的累積。

時間管理是一個非常難教的能力，也因此，我反而願意面對挑戰，並樂此不疲。

· 第三十天的練習 ·

你可以練習的步驟：
☐ 1. 養成寫晨間日記的習慣。
☐ 2. 建立自己的晨間儀式，讓早上就進入 Flow 工作流。
☐ 3. 仔細檢查自己的 STAR 神盾是否有漏洞。
☐ 4. 確實執行每週檢視，時時讓自己的工作與人生重開機。
☐ 5. 別灰心，人生永遠都有從谷底重新飛升的機會！

永錫的實作心得：
首先恭喜大家，終於走到了最後一天的練習。

我想到中國的格言「己立立人、己達達人」，能夠做好自己，獨立做好自己的事情，接著，便可以做一個協作的人才，進而讓整個團隊都發「達」起來。

而這樣的人生，才是有意義的人生，不是嗎？

你的下一步行動是什麼？

　　希望這三十天的內容能對你能夠有所助益，最後讓我談談這本書希望達到的願景，那就是去架構三層的能力，我稱為「青蛙、半人馬、樹」。

　　青蛙能力，能處理每天大大小小的事務，兵來將擋，水來土淹，就算是複雜艱困的任務，只要擁有一個平靜的心，就能面對各種挑戰。

　　半人馬能力，活動筆記本、手機、電腦等工具，能幫助我們跑得更快，到達更遠的地方，這些工具就是馬兒，但要搭配人的頭腦，通力合作，就能產生最大的力量，這概念就是半人馬。半人馬的能力能夠推動專案，往目標一步步推進。

　　最後是樹的能力，青蛙及半人馬辛勤的努力，換來就是樹的成長，樹是我們的生命之樹，體現在身心能力的提升，自身修為根深葉茂，和鄰樹形成緊密相連的森林，這是一種不假外求、穩定恆常的快樂。

　　這是我的追求，也是對本書讀者期許，用「青蛙、半人馬、樹」

成長的模式，建立一個沒有後遺症的成功人生。

接下來，你必須從閱讀者變成實踐者，時間管理是一種需要「知行合一」的能力，一方面要閱讀前人的經驗，學習以前不熟悉或不知道的概念，一方面則要實踐，並且內化成為習慣。

最後，我要和你說實話，這套時間管理方法，雖然一上手就可以感受效果，但想要確實「把日閉環和週閉環一次跑起來」，基本上要兩年的時間，也就是不斷重複這 30 天的練習，持續下去直到真的養成習慣。

最後，就以一首幸福行動家小詩，作為本書的結束吧！

幸福，行動

我們自稱為幸福行動家

我們堅持信念及價值觀

走過生命幽谷

走過沒有地圖的路徑

我們是一棵自己走路的樹

一片森林

後記：我要感謝歷屆幸福行動家主辦人，義工、社群成員，

及本書重要的 Esor 及 David，因為有他們，才讓這本書順利

誕生。

最後的提示

完成 30 天練習後建議大家拆下本書書衣，內封底又有一張「時間管理帝王表」，是設計成讓你做第二次檢視，也就是在完成三個習慣練習後，把你最後重新思考的時間管理系統填寫上去，看看和之前第二個習慣練習時有何不同，相信你會因此更有成長。

也歡迎從本書延伸，查看下面對大家有幫助的資訊：

線上參與時間管理練習：http://j.mp/FAST 時間管理同好會

下載本書所有附錄範本：http://j.mp/ 三個習慣附錄下載

聯繫張永錫與查看最新課程：http://timesup.club

【View職場力】
2AB932

早上最重要的3件事：
習慣並且去做,30天改變人生的行動魔法

二
二

作　　　者	張永錫
責任編輯	黃鐘毅
版面構成	韓衣非
封面設計	走路花工作室
總　編　輯	姚蜀芸
副　社　長	黃錫鉉
總　經　理	吳濱伶
發　行　人	何飛鵬
出　　　版	電腦人文化
發　　　行	城邦文化事業股份有限公司
	歡迎光臨城邦讀書花園 網址：www.cite.com.tw
香港發行所	城邦（香港）出版集團有限公司
	香港灣仔駱克道193號東超商業中心1樓
	電話：(852) 25086231 傳真：(852) 25789337
	E-mail：hkcite@biznetvigator.com
馬新發行所	城邦（馬新）出版集團【Cite(M)Sdn. Bhd】
	41, Jalan Radin Anum, Bandar Baru Sri Petaling,
	57000 Kuala Lumpur, Malaysia.
	電話：(603) 90578822 傳真：(603) 90576622
	E-mail：cite@cite.com.my
印　　　刷	凱林彩印股份有限公司
2023年(民112)	11月 初版11刷　Printed in Taiwan.
定　　　價	300元

國家圖書館出版品預行編目資料

早上最重要的3件事：習慣並且去做，30天
改變人生的行動魔法 / 張永錫 著.--初版--
臺北市；創意市集出版；城邦文化發行，民
105.3 面；　公分

ISBN 978-986-92618-8-3（平裝）

1.時間管理 2.生活指導
177.2　　　　　　　105000807

※詢問書籍問題前，請註明您所購買的書名及書
　號，以及在哪一頁有問題，以便我們能加快處理
　速度為您服務。

※我們的回答範圍，恕僅限書籍本身問題及內容撰
　寫不清楚的地方，關於軟體、硬體本身的問題及
　衍生的操作狀況，請向原廠商洽詢處理。

※廠商合作、作者投稿、讀者意見回饋，請至：
　FB粉絲團·http://www.facebook.com/InnoFair
　Email信箱·ifbook@hmg.com.tw